LES VRAIES LOIS
DE L'ÉCONOMIE

Du même auteur

Économie politique
1. Introduction à l'analyse économique
Hachette, coll. « Les Fondamentaux », 1989, 3e éd., 2000

Économie politique
2. Microéconomie
Hachette, coll. « Les Fondamentaux », 1990, 3e éd., 2000

Économie politique
3. Macroéconomie
Hachette, coll. « Les Fondamentaux », 1990, 3e éd., 2000

Introduction à l'économie
Seuil, coll. « Points Économie », 1992, 3e éd. mise à jour, 2001

Introduction à la politique économique
Seuil, coll. « Points Économie », 1993, 3e éd. mise à jour, 1999

Chiffres clés de l'économie française
Seuil, coll. « Points Économie », 1993

Chiffres clés de l'économie mondiale
Seuil, coll. « Points Économie », 1993

Droite, gauche, droite…
Plon, 1995

L'Économie politique : analyse économique
des choix publics et de la vie politique
Larousse, coll. « Textes essentiels », 1996

Une raison d'espérer.
L'horreur n'est pas économique, elle est politique
Plon, 1997 ; 2e éd., Pocket, coll. « Agora », 2000

JACQUES GÉNÉREUX

LES VRAIES LOIS DE L'ÉCONOMIE

ÉDITIONS DU SEUIL - FRANCE CULTURE
*27, rue Jacob, Paris VIe*

ISBN 2-02-052440-6

www.seuil.com

www.franceculture.com

Les lois de l'économie ne sont pas celles que l'on croit

Qui n'a jamais entendu un patron, un journaliste économique ou un homme politique déclarer : « Seules les entreprises créent des richesses », ou bien : « L'impôt tue l'impôt » ? Et qui n'a jamais entendu condamner une réglementation au motif qu'elle était « anti-économique » ? Au cours des deux dernières décennies les « lois de l'économie » ont envahi le débat public. Le discours politique moderne, amplifié et standardisé par les médias, a diffusé une culture « économiquement correcte » faite de maximes simples qui, à force de répétition, pourraient bientôt accéder au statut de dictons populaires, c'est-à-dire d'expressions bien ancrées du bon sens commun.

Mais en fait de bon sens il s'agit plutôt de sens unique et de contresens. Sens unique dont l'orientation est sans mystère. En effet, les lois de l'économie dont on nous rebat les oreilles ne semblent être écrites que pour contrarier les lois des hommes, c'est-à-dire les choix politiques qui voudraient contrôler et exploiter les mécanismes économiques au lieu de se soumettre à leurs incontournables prescriptions. Or il s'agit là d'un contresens monumental. Car la théorie économique – même la plus orthodoxe – ne conteste en rien la nécessité de l'État, des réglementations et de l'impôt. On peut même lire l'histoire de la pensée économique comme la découverte progressive de toutes les raisons pour lesquelles l'intérêt général exige une régulation politique de l'économie et la soumission du politique à la souveraineté des citoyens. La culture de café du commerce, qui se répand aujourd'hui, prête donc à tort à la science économique ce qui n'est en vérité que le credo néolibéral[1] basique de quelques patrons (et non pas – j'insiste – de tous les patrons). Mais les promoteurs du credo ne sont pas seuls responsables de cet abrutissement. Quelques pourfendeurs du néolibéralisme y contribuent tout autant, quand ils laissent entendre que la caricature qu'ils contestent résume la pensée économique contemporaine. Las ! De même qu'il est des néolibéraux chez qui le seul nom de Marx déclenche des poussées d'urticaire, il est des néomarxistes outrés par l'idée qu'une critique du néolibéralisme émane aussi de l'analyse économique non marxiste.

On comprend aisément que des patrons désirent toujours moins de contraintes dans leur bataille pour le profit. On voit bien aussi l'intérêt qu'ils trouvent à

1. Selon un usage fréquent, nous employons le terme « néolibéral », et non pas « libéral », pour éviter la confusion entre l'apologie contemporaine du marché et le libéralisme politique qui promeut à la fois l'autonomie de la personne et la recherche du bien commun. Nous avons montré en quoi l'idéologie néolibérale contemporaine constitue un dévoiement des valeurs libérales dans « Manifeste pour l'économie humaine », *Esprit*, juillet 2001.

présenter leurs revendications au nom de lois de l'économie qui auraient démontré comment leur liberté et leurs profits sont les sources essentielles du bien-être général. On comprend dès lors que tous les oubliés de ce bien-être général et leurs porte-parole se révoltent contre ce qu'on leur dit être les lois de l'économie. On admet plus difficilement que les économistes indépendants [2] ne parviennent pas davantage à combattre cette désinformation endémique sur leur discipline, désinformation qui les a pourtant déjà transformés en ennemis publics aux yeux d'une partie de la société [3]. C'est peut-être que le combat est inégal, car il est plus facile de désinformer en popularisant quelques slogans simplistes que d'informer en explicitant les vrais résultats de notre discipline. C'est surtout, je le crains, que certains économistes participent allègrement à cette désinformation, tandis que les autres font trop peu d'efforts pour communiquer avec leurs concitoyens dans leur langue maternelle [4].

J'espère ici contribuer à combler en partie ce défaut de communication, en mettant en regard les idées reçues du discours supposé économiquement correct

2. Nous entendons par là les universitaires et chercheurs effectivement libres de mener leurs travaux sans pressions ou commandes du pouvoir économique ou politique.

3. C'est pour lutter plus efficacement contre cette désinformation que nous avons fondé l'été dernier l'Association internationale pour l'économie humaine (fmeh@wanadoo.fr).

4. Avec, fort heureusement, de nombreuses exceptions notables que nous ne pouvons citer ici sans risquer d'offenser tel ou tel par un injuste oubli.

et ce que nous apprend à leur propos l'histoire effective de la pensée économique. Je ne promets pas une lecture facile – l'économie n'est pas un roman à l'eau de rose. Je promets une lecture accessible à tous ceux qui veulent faire l'effort de comprendre les dessous des slogans qu'on leur assène régulièrement comme des évidences, sans jamais les justifier.

Et, pour commencer, procédons à l'inventaire de ces slogans. Résumons l'idée vraisemblable que le non-économiste peut se faire des lois de l'économie à partir de ce qu'il entend au journal de 20 heures, c'est-à-dire en fait la caricature de la pensée économique dominante qui bénéficie de la publicité croisée de ses défenseurs et de ses détracteurs. Pour être tout à fait honnête, il faut reconnaître que cette caricature n'est pas toujours éloignée de celle qui, dans certaines facultés, vient biaiser les esprits d'étudiants débutants. Chemin faisant, nous expliciterons aussi les fondements théoriques de cette pensée dominante.

Pardon d'insister ici sur un point de méthode – au risque de donner l'impression que je prends le lecteur pour un imbécile. Que les uns et les autres ne se réjouissent pas ou ne s'étranglent pas prématurément à la lecture des pages qui suivent : jusqu'à la page 21, nous ne présentons que la caricature du discours supposé économiquement correct et non ce qui nous semble constituer une présentation honnête des résultats de l'analyse économique. [*N. B.* : nous ponctuons l'exposé de chiffres gras entre parenthèses : ce sont des repères de certaines affirmations clés qui, ensuite, feront chacune l'objet d'un chapitre.]

La reconnaissance des lois naturelles de l'économie

Le temps de l'économie administrée est définitivement révolu. Après quelques décennies de consensus keynésien[5], la mondialisation a ramené les élites politiques à la réalité : *l'économie ne se gouverne pas, elle est mue par des forces internes, des lois propres, qui échappent à l'emprise des gouvernements nationaux* (**1**). Après-guerre, les politiques s'étaient crus en mesure d'écrire les lois de l'économie, à grand renfort de réglementations, de planification, d'agences ou d'entreprises publiques. Mais ce n'était là qu'une illusion, entretenue durant une vingtaine ou une tren-

5. Du nom de l'économiste anglais John Maynard Keynes (1883-1946), à l'origine d'un courant qui conteste la capacité autorégulatrice des marchés et démontre la nécessité d'une régulation politique de l'économie. Keynes combat le courant néoclassique, qui croit au contraire à l'équilibre général spontané et optimal de marchés concurrentiels, et dont les principaux pionniers sont Stanley Jevons (1835-1882), Carl Menger (1840-1921), Léon Walras (1834-1910), Vilfredo Pareto (1848-1923), Alfred Marshall (1842-1924). Les néoclassiques dominaient la profession dans les années 1930, avant de se faire voler la vedette par les keynésiens des années 1940 aux années 1970. A partir de la fin des années 1970, la contestation de l'État et la victoire des politiques néolibérales coïncident avec une nouvelle domination académique du courant néoclassique, notamment de ces deux variantes : monétarisme et nouvelle macroéconomie classique (qui sont plus particulièrement traitées aux chapitres « Loi n° 9 », « Loi n° 10 » et « Loi n° 11 » ; voir aussi *infra*, notes 8 et 9).

taine d'années, dans un petit nombre de pays riches, précisément parce qu'ils n'étaient encore qu'un petit nombre : une concurrence limitée contenait la pression des marchés. Mais la participation d'un nombre croissant de pays au jeu économique mondial a libéré l'économie de l'étreinte politique, en redonnant à la concurrence une force telle qu'aucun pays ne peut durablement s'y opposer – sauf à accepter la régression économique et sociale qu'engendrerait un repli autarcique, à l'abri de barrières douanières qui ne sauraient de toute façon empêcher l'exode des capitaux et des talents.

Les lois de l'économie marchande, que les économistes classiques[6] du XVIIIe et du XIXe siècle avaient déjà commencé de découvrir, à l'heure des premières révolutions industrielles, sont enfin reconnues pour ce qu'elles sont : des lois universelles et indépendantes de la volonté de tel ou tel gouvernement. Cela ne veut pas dire que les gouvernements n'ont plus aucun rôle à jouer. Cela implique que personne ne peut faire abstraction de certaines évidences économiques qui ne sont plus l'objet d'un quelconque débat idéologique et sont juste un état de fait.

Et, en tête de ces évidences, il apparaît que l'économie de marché capitaliste constitue le meilleur des

6. L'appellation « classique », inventée par Karl Marx (1818-1883) et retenue par l'histoire de la pensée économique, désigne le courant de pensée libéral dominant en Angleterre et en France de la fin du XVIIIe siècle au milieu du XIXe. Ses principaux représentants sont Adam Smith (1723-1790), David Ricardo (1772-1823), Jean-Baptiste Say (1767-1832), John Stuart Mill (1806-1873).

systèmes, et le dernier aussi, puisqu'il semble indépassable. Cette supériorité tient d'abord au fait que les individus ne sont jamais aussi efficaces que lorsqu'on les laisse parfaitement libres de poursuivre leur intérêt personnel et d'accumuler, pour eux-mêmes ou leur descendance, le fruit de leurs efforts. Or, *la richesse d'une nation résulte de la production des biens et des services par les individus ou les entreprises* (**2**). Par conséquent, un système dans lequel chacun est incité à être le plus productif optimise l'usage des ressources et maximise la richesse de la nation. La libre poursuite des intérêts individuels conduit ainsi à l'intérêt général.

Les vertus du marché libre

Ne faut-il pas néanmoins un minimum de police, de régulation publique, pour éviter que des millions de choix individuels non coordonnés ne dégénèrent en un indescriptible chaos ? Certes, il faut bien un État minimal, un État « gendarme » disait-on autrefois, pour garantir la sécurité, la défense et la justice, et quelques autres biens publics (nous y reviendrons). Mais la sphère de la production et des échanges marchands – celle qui engendre les richesses grâce auxquelles on peut financer l'État minimal – a surtout besoin de liberté, pour laisser agir les mécanismes qui assurent un fonctionnement idéal des marchés.

Un « marché » est un réseau d'échanges qui permet à tous ceux qui ont quelque chose à offrir de rencontrer tous ceux qui sont susceptibles de le demander.

La *loi de l'offre et de la demande* assure la coordination automatique et l'équilibre des échanges. Si la production de voitures est trop faible pour satisfaire la demande, le prix des voitures augmente, ce qui freine la demande des consommateurs et stimule l'offre des constructeurs jusqu'au rétablissement de l'équilibre entre offre et demande. S'il y a trop de professeurs de piano par rapport aux besoins, le prix des leçons de piano (le salaire des professeurs) diminue, ce qui relance la demande des élèves et incite les professeurs excédentaires (et les moins doués) à se reconvertir dans d'autres activités. *La libre négociation et la flexibilité des prix assurent ainsi l'équilibre général de tous les marchés* (**3**). Cela ne met pas l'économie nationale à l'abri de chocs imprévus provoquant ici ou là des déséquilibres. Mais ces derniers sont automatiquement et rapidement résorbés si les prix et les salaires sont parfaitement libres de s'adapter pour s'établir au niveau qui équilibre à nouveau l'offre et la demande sur tous les marchés.

En outre, *le libre fonctionnement des marchés garantit un usage efficace du travail, des capitaux et des matières premières* (**4**). En effet, les mouvements de prix fournissent aux producteurs une information précieuse et continue sur l'affectation optimale des moyens de production : attirés par les profits (ou redoutant les pertes), ils déplacent la main-d'œuvre et les capitaux vers les secteurs où la demande est la plus forte (où les prix montent) et les retirent des secteurs où les besoins sont déclinants (où les prix baissent). Comme la pression de la concurrence interdit d'améliorer les profits en relevant les prix, les producteurs sont par ailleurs incités à réduire les coûts et donc à éviter tout gaspillage des ressources. Ainsi, quoique motivés par leurs profits personnels, les entrepreneurs sont contraints par la concurrence de satisfaire au mieux et au moindre coût les besoins exprimés dans la société. Adam Smith expliquait, dès 1776, qu'ils se comportent comme si une « main invisible » les guidait vers la recherche du bien-être collectif.

Toutefois, cette invisible vertu des marchés n'agit pas dans le cas des biens publics. Certains biens en effet (la défense nationale, la justice, la protection de l'environnement, etc.) sont consommés simultanément par un grand nombre d'individus (une ville, une nation, le monde) et ne peuvent faire l'objet d'une appropriation privée. En outre, chacun bénéficie d'un bien public du seul fait de son appartenance à la communauté concernée, sans qu'il soit naturellement contraint d'en faire la demande ni de contribuer à son financement. Tout le monde est donc incité à jouir gratuitement du service collectif sans manifester son désir de l'obtenir et en espérant que les autres paieront. La loi du marché est ici mise en échec. L'intérêt général commande donc de confier la production des biens publics à des autorités publiques (État et collectivités locales) qui ont le droit de contraindre les individus par des réglementations et de lever l'impôt. *L'État a donc un domaine réservé*, la production des biens publics ; *il doit se cantonner à ce domaine et interférer le moins possible avec la libre gestion des biens privés* (**5**). En revanche, certaines règles du marché devraient inspirer la conduite de l'État. En l'absence des pressions de la concurrence qui contraignent les acteurs privés à une gestion efficace, il convient de soumettre les décideurs publics à des contraintes de gestion institutionnelles analogues à celles qui pèsent sur les entreprises du fait de la concurrence.

Le mariage de la justice et de la concurrence

Tout serait donc ainsi pour le mieux dans le meilleur des mondes ? Deux objections évidentes surgissent tout de même à ce stade, et elles n'ont jamais échappé aux économistes les plus orthodoxes ou les plus libéraux – ni, semble-t-il, ne les ont inquiétés. En premier lieu, on ne peut juger du bien-fondé d'un système sur le seul critère de l'usage efficace des ressources. Il convient aussi de se poser la question de la justice. La persistance de la pauvreté et des inégalités sociales ne manifeste-t-elle pas une injustice inhérente au modèle de l'économie de marché ? En second lieu, la réalité ne confirme pas toujours l'efficacité d'un système combinant des marchés libres et un État producteur des biens publics : ce modèle aujourd'hui dominant n'a jamais empêché les déséquilibres, les crises, le chômage… Certes, mais, aux yeux des néoclassiques (cf. note 5), ces deux objections récurrentes n'entament en rien la supériorité de la libre concurrence. Elles souligneraient plutôt les méfaits d'une mauvaise application ou d'un déploiement insuffisant de ce modèle.

La question de la justice suppose un jugement de valeur sur la bonne répartition de la richesse et des revenus entre les membres d'une communauté. La science n'a rien à dire sur ce jugement qui relève d'un choix politique, validé ou invalidé par le vote des citoyens. Mais ce choix est indépendant de celui du système économique. Quelle que soit la répartition jugée optimale par la société, il est clair que tout le monde préfère partager la prospérité plutôt que la pénurie. Le système des marchés libres est donc toujours le plus favorable à la justice, parce qu'il assure l'usage le plus efficace des ressources et permet ainsi de maximiser les richesses à partager.

Si les individus et leurs gouvernements jugent la répartition spontanée de la richesse trop inégale et non conforme à leur idéal, ils peuvent toujours la corriger « après coup », par la charité ou des politiques de redistribution. *La justice n'est donc pas une question économique, mais une question morale qui se règle indépendamment du choix du système économique* (**6**). Toutefois, la réduction des inégalités ne doit pas aller au-delà du seuil où elle décourage l'effort des individus les plus performants, comme celui des moins performants qui pourraient se contenter d'une position d'assistés. Trop de redistribution au nom de la justice peut ainsi s'avérer contre-productif, si cela contrarie la propension de l'économie de marché à maximiser la production des richesses.

Mais est-on vraiment sûr de cette efficacité globale de l'économie de marché ? Comment répondre à la seconde objection fondée sur la persistance des déséquilibres économiques dans les économies de marché ? La réponse est très simple. Les économies de marché souffrent d'un déficit de marché et d'un excès de régulation politique, et non d'un excès de liberté. Les vertus de la libre concurrence ne peuvent en effet se déployer si la loi de l'offre et de la demande et la liberté des échanges sont entravées par des réglementations excessives qui interdisent la flexibilité des prix et des salaires, ou qui limitent la mobilité du travail et du capital. *Les politiques publiques doivent donc favoriser, autant que faire se peut, l'extension de la libre concurrence* (**7**).

Les méfaits de la régulation politique

Par ailleurs, l'efficacité de l'économie de marché risque aussi d'être limitée par des charges fiscales trop lourdes qui réduisent l'incitation au travail, à l'épargne, à l'innovation et à l'efficacité productive, en privant les individus de la juste rémunération de leurs efforts et de leur talent. L'impôt est nécessaire, puisqu'il faut bien financer les biens publics dont on reconnaît qu'ils doivent être produits par les collectivités publiques. Mais c'est un *mal* nécessaire. Il constitue *un prélèvement obligatoire sur les richesses créées par la sphère marchande, et donc un frein à l'expansion de la richesse nationale* (**8**). Il convient donc de maintenir le taux de prélèvement au niveau le plus bas possible.

Enfin, aux difficultés microéconomiques (c'est-à-dire au niveau des comportements individuels), engendrées par les entraves à la libre concurrence et les charges fiscales, peuvent s'ajouter des difficultés macroéconomiques (c'est-à-dire au niveau de l'économie nationale ou mondiale), provoquées par des politiques budgétaires et monétaires inadaptées. De la fin des années 1930 à la fin des années 1970, en effet, le succès des idées de John Maynard Keynes et la victoire politique des interventionnistes ont conduit à la généralisation des politiques discrétionnaires de régulation de la demande globale. Ces dernières consistent à régler le niveau de la demande de consommation et d'investissement en agissant sur les dépenses publiques, les impôts, le volume et le coût de crédit : on relance la demande en situation de sous-emploi ; on la freine face à un risque d'accélération de l'inflation.

Mais ces politiques macroéconomiques ne sont au fond que la mauvaise réponse aux difficultés engendrées en réalité par les entraves à un bon fonctionnement microéconomique des marchés. Une fois levées ces entraves, et quand l'équilibre général des marchés est à nouveau garanti automatiquement (par la libre concurrence, la flexibilité des prix et la mobilité des facteurs, entre autres), il n'y a aucune raison pour qu'apparaissent des déséquilibres globaux et durables (sous-emploi de la main-d'œuvre, insuffisance des débouchés, déséquilibre de la balance des paiements extérieurs, etc.).

Il est donc inutile, et même dommageable, de recourir aux politiques keynésiennes (**9**). Car leur emploi a des effets pervers : accélération de l'inflation, instabilité accrue de la croissance, augmentation continue des dépenses publiques et de la dette publique, éviction des investissements privés au profit du financement des déficits publics, etc.

Cela n'implique pas toutefois une douce négligence à l'égard de la gestion monétaire. Une politique monétaire d'un genre particulier est en effet nécessaire. Certes, la théorie classique et néoclassique [7] postule que *la monnaie est neutre, c'est-à-dire sans effets réels sur l'économie nationale* (**10**). La monnaie n'est qu'un intermédiaire dans les échanges : ce n'est pas parce qu'ils détiennent de la monnaie que les individus travaillent et produisent, mais l'inverse. Les priver des liquidités nécessaires à la réalisation des échanges serait préjudiciable au développement économique. Mais les abreuver de liquidités excédentaires ne stimulerait en rien le volume des affaires : celui-ci dépend seulement de la quantité de facteurs de production disponible (main-d'œuvre, équipements, matières premières) et, si on laisse fonctionner librement les marchés de facteurs, ces derniers sont pleinement employés dans leur usage le plus productif. Quand on est au plein emploi des facteurs, un surcroît de monnaie n'engendre pas plus d'activité économique, mais plus d'inflation.

Or, justement, la tentation de l'argent facile (pour financer les déficits publics) et des relances clientélistes pourrait régulièrement conduire des gouvernements à une création excessive de monnaie et donc à une accélération récurrente de l'inflation. Mieux vaut donc confier la gestion de la monnaie à des banques centrales indépendantes du pouvoir politique.

7. Cf. *supra*, notes 5 et 6.

Mais pourquoi diable les gouvernements auraient-ils recours à des politiques discrétionnaires s'il est parfaitement démontré qu'elles ne servent à rien, si ce n'est à détériorer l'économie nationale ? Sur ce point, il y a deux écoles. Les *monétaristes*[8] pensent que le gouvernement peut faire illusion à court terme, donner l'impression que ses politiques macroéconomiques ont des effets réels, parce que les acteurs n'anticipent pas correctement tous leurs effets. Les *nouveaux classiques*[9], quant à eux, développent une théorie des anticipations rationnelles selon laquelle des individus rationnels anticipent parfaitement les résultats de toute politique : il est donc impossible de les duper ; la politique ne sert vraiment à rien, même plus à faire illusion. Ainsi, *plus les anticipations sont rationnelles, plus le fonctionnement naturel de l'économie de marché est optimal et plus les politiques macroéconomiques sont inutiles* **(11)**. Autrement dit, pour que les lois de l'économie fonctionnent idéalement, tout le monde devrait les connaître parfaitement. Voilà du moins une bonne raison pour enseigner les sciences économiques !

Si l'on devait résumer en quelques mots tout ce qui

8. Principal courant contestataire de la domination keynésienne des années 1950 aux années 1970, dont le chef de file incontesté est Milton Friedman. Il s'agit en fait d'une variante du modèle néoclassique libéral qui fut baptisé « monétariste » à son corps défendant en raison de l'attention particulière qu'il porte aux questions monétaires.

9. Courant développé à partir des années 1970 sous l'impulsion de Robert Lucas, Leonard Rapping, Thomas Sargent et John Wallace.

précède, pour exprimer la vision du monde que l'on suppose aujourd'hui être celle des économistes, on pourrait dire que tout baignerait dans l'huile, au royaume du marché concurrentiel, si les lois des hommes n'ajoutaient que de l'huile dans les rouages au lieu d'y mettre leur grain de sable.

Et pourtant, la vraie science économique n'est pas néolibérale

Ainsi, à en croire le discours supposé économiquement correct, la cause est entendue : les lois de l'économie sont néolibérales ; elles exigent toujours plus de liberté et d'initiative individuelle et toujours moins de dépenses publiques, d'impôts et de réglementations, toujours plus de marchés libres et toujours moins d'administration, toujours plus de compétition marchande et toujours moins de solidarité sociale. D'ailleurs, les opposants au néolibéralisme ne s'y trompent pas : vous ne les entendez jamais protester au nom des lois de l'économie, mais au nom de la justice, de la démocratie, de l'environnement. Mais c'est précisément là leur grande erreur ! Car c'est bel et bien au nom de trois cents ans de science économique que l'on peut contester le discours néolibéral.

En effet, non seulement les résultats les moins contestables des trois derniers siècles de recherches économiques confortent rarement ce discours, mais en outre ils conduisent souvent à des conclusions contraires aux lieux communs les plus répandus sur les fameuses lois de l'économie. Ainsi, à chacune des onze affirmations centrales constituant le discours exposé ci-dessus nous pouvons opposer onze vraies lois radicalement différentes, et ce en nous appuyant presque uniquement sur le noyau dur de l'analyse économique. Il n'est pas nécessaire d'appartenir à une quelconque école de pensée hétérodoxe ou marxiste pour montrer que les conclusions du discours supposé économiquement correct (présenté ci-dessus) ne sont pas sérieusement soutenables [10].

Écartons néanmoins une éventuelle méprise sur la nature et la portée de notre discours critique. Tout n'est pas incorrect dans ce discours « économiquement correct ». Sa force est précisément de s'appuyer sur un corpus d'outils et de raisonnements pertinents et parfaitement admis par l'immense majorité des économistes. Mais de même que quelques grimaces peuvent enlaidir la plus belle des créatures, quelques biais erronés dans la vision de l'économiste suffisent à fausser radicalement les conclusions que l'on peut tirer de l'analyse économique.

Les six piliers de la sagesse économique

Les biais du discours néolibéral sont, pour l'essentiel, contenus dans les six premiers postulats exposés ci-dessus. Ce que d'aucuns considèrent comme les piliers de la sagesse économique, et sur lesquels repose implicitement ou explicitement la quasi-tota-

10. Ce n'est pas nécessaire, mais ça aide, bien sûr !

lité des prescriptions néolibérales, sont le lieu d'une incroyable manipulation. On présente en effet comme des lois éternelles, ou du moins des résultats bien établis de la science économique, des affirmations qui sont le plus souvent de pures hypothèses d'école jamais vérifiées, voire carrément infirmées par les développements de la théorie moderne la plus orthodoxe. Le sommet de la manipulation est atteint avec le postulat (2) qui énonce une conception de la valeur qui n'a tout simplement jamais été défendue par une quelconque école de pensée.

Rappelons brièvement ces six piliers de la prétendue sagesse économique avant de mettre en regard les six premières vraies lois que l'on peut raisonnablement leur opposer :

1) Les lois établies par la science économique sont comparables aux lois de la physique : elles révèlent des réalités immuables et incontournables par la volonté humaine.

2) La valeur réside uniquement ou principalement dans la production de biens et services marchands.

3) Le libre jeu de la loi de l'offre et de la demande assure l'équilibre général des marchés.

4) Le libre jeu de la concurrence garantit l'usage le plus efficace des ressources.

5) Le rôle économique de l'État et du politique se cantonne à la production de quelques biens publics.

6) La justice est un problème strictement politique, dont le règlement est indépendant du choix du système économique. Mais une économie de marchés libres est une condition prérequise d'une meilleure justice parce qu'elle maximise la richesse à partager.

En bref, le paradis est pavé de marchés concurrentiels. Les hommes n'auraient, à de rares exceptions près, qu'à se soumettre aux lois d'évolution mécanique de ces marchés pour voguer naturellement vers l'optimum social. Cette première vision nous décrit un monde de rêve, mais au sens propre du terme : on ne le rencontre que dans les songes. Comme l'écrivait Keynes au sujet de ce discours qui dominait déjà dans les années 1930 : « Il se peut que la théorie classique décrive la manière dont nous aimerions que notre économie se comportât. Mais supposer qu'elle se comporte réellement ainsi, c'est supposer toutes les difficultés résolues [11]. »

Dans le monde réel, en effet, on ne rencontre aucun marché fonctionnant selon les lois de la concurrence pure et parfaite ; et là où fonctionnent des marchés à peu près concurrentiels règnent aussi injustices, saccage de l'environnement, crises récurrentes, etc.

Mais, fort heureusement, au cours des trois derniers siècles qui ont forgé l'analyse économique, la plupart des économistes n'ont pas eu la tête dans les nuages mais ont gardé les pieds sur terre. Aussi la science économique moderne permet-elle de soutenir une version radicalement différente des six piliers de la sagesse économique, qui seront dans ce livre nos six premières vraies lois de l'économie. Nous les

11. In *Théorie générale de l'emploi, de l'intérêt et de la monnaie* (1936), trad. Jean de Largentaye, Payot, 1969, p. 60. *N. B.* : quand Keynes dit « théorie classique », il désigne le courant dominant parmi ses prédécesseurs, que l'on dénomme désormais plus souvent « néoclassique ».

passons ici rapidement en revue pour donner un aperçu général de notre programme de travail.

LOI N° 1 : LES LOIS DE L'ÉCONOMIE SONT LES LOIS DES HOMMES. Si elles existent, les lois de l'économie ne sont pas une mécanique naturelle et invariable. Elles sont fondées sur des conventions, des règles et des institutions créées par et amendables par les hommes.

LOI N° 2 : CE QUI A DE LA VALEUR N'A PAS DE PRIX. La valeur ne réside pas dans les seules productions marchandes, mais dans toute activité qui contribue à la satisfaction des besoins humains. Et même dans la sphère marchande, la valeur ne se mesure pas par le seul prix des biens.

LOI N° 3 : LA LOI DU DÉSÉQUILIBRE GÉNÉRAL. Le libre jeu de la loi de l'offre et de la demande conduit au déséquilibre général des marchés.

LOI N° 4 : LE MARCHÉ NE FAIT PAS LE BONHEUR. En l'absence d'une régulation politique forte, la libre concurrence ne garantit en rien un usage efficace des ressources et détourne même celles-ci de leurs emplois les plus urgents et les plus légitimes pour l'humanité.

LOI N° 5 : L'ÉTAT NE FAIT PAS LE BONHEUR. Il n'y a pas plus de domaine réservé à l'État que de domaine réservé au marché. Au nom de la justice et de la gestion des effets externes des actes privés, le politique peut intervenir dans tous les domaines d'activité. Mais, pas plus que le marché, l'État n'est capable de produire un optimum social en appliquant des règles quelconques qui lui seraient dictées par la science.

Il ne peut s'approcher de l'optimum qu'au travers d'une vraie démocratie qui reste, hélas, à construire.

LOI N° 6 : LA VÉRITABLE EFFICACITÉ C'EST LA JUSTICE, LA VÉRITABLE JUSTICE C'EST L'ÉGALITÉ DES LIBERTÉS. Loin d'être séparable du choix d'un système économique, la justice est le problème économique majeur et intrinsèquement lié à toute question économique. Et ce pour deux raisons : 1) toute action en vue d'assurer un usage plus efficace des ressources affecte la répartition du bien-être entre les individus et soulève donc le problème de la juste répartition ; 2) si l'efficacité d'une société se définit par l'adaptation optimale de ses moyens aux fins qu'elle poursuit, une société efficace est avant tout une société juste ; et s'il n'existe à ce jour aucune définition universelle et incontestée de la justice, un quasi-consensus se dégage néanmoins pour penser qu'une société juste offre une égale capacité d'exercer les libertés qui permettent aux hommes et aux femmes de mener leur vie selon leur conception.

Les bienfaits d'une économie sous contrôle politique

Les six piliers de la prétendue sagesse économique s'effondrent donc quand on les soumet à un questionnement rigoureux. Leurs conséquences usuelles en matière de politiques publiques sont naturellement emportées dans le même mouvement. Là où le discours précédent prescrivait des politiques microéconomiques vouées à l'extension maximale de la concurrence, la réduction maximale des impôts et la prohibition des politiques macroéconomiques discrétionnaires, au point même de soustraire la politique monétaire au pouvoir politique, nous pourrons établir une série de vraies lois qui conduisent à des prescriptions très différentes.

LOI N°7 : LA MAUVAISE CONCURRENCE CHASSE LA BONNE. La généralisation d'une concurrence parfaite serait une catastrophe économique. Car les vertus de la concurrence ne tiennent pas seulement à la liberté des acteurs, mais aussi aux institutions et réglementations qui l'empêchent de dégénérer en guerre économique.

LOI N°8 : L'IMPÔT N'EST PAS UN PRÉLÈVEMENT OBLIGATOIRE. La baisse des impôts n'est pas plus prioritaire que la baisse du prix des automobiles, puisque tous les biens privés ou publics, marchands ou non marchands, sont également créateurs de richesses, dès l'instant où ils satisfont des besoins. L'impôt n'est donc pas un prélèvement sur des richesses qui seraient créées par la seule sphère marchande : il est le prix à payer pour la création d'une richesse. Le bon niveau de l'impôt n'est donc pas le plus bas possible, mais celui que les citoyens d'une démocratie effective sont disposés à payer pour la production des services collectifs.

LOI N°9 : RIEN NE VAUT UNE BONNE POLITIQUE. Si la quête d'un État minimal et d'un marché maximal n'est en rien fondée sur le plan microéconomique, il en va de même sur le plan macroéconomique. Les déséquilibres macroéconomiques sont inhérents au fonctionnement réel des marchés. Et tout, dans la pratique comme dans la théorie, indique que pour corriger ces derniers, les politiques keynésiennes demeurent des outils indispensables et efficaces.

LOI N°10 : LA MONNAIE N'EST PAS NEUTRE. Contrairement au postulat classique actualisé par le monétarisme, la monnaie n'est pas neutre : elle a des effets réels sur l'investissement, la croissance et l'emploi et pas seulement sur les prix. La politique monétaire est donc un outil irremplaçable de régulation de l'activité. Et la rationalité des anticipations ne change rien à l'affaire.

LOI N°11 : ANTICIPATION N'EST PAS RAISON. En effet, si les anticipations étaient parfaites, elles renforceraient plutôt l'efficacité des politiques publiques, à chaque fois qu'elles sont nécessaires. Las, *anticipation n'est pas raison* : dans le monde réel, l'insoutenable légèreté des anticipations fait parfois peser des menaces de crises systémiques qui appellent plus, et non moins, de régulation politique.

Soutenir que les lois de l'économie établissent en réalité la nécessité d'une régulation politique n'implique en rien une confiance aveugle dans cette dernière, ni le rejet de tous les bienfaits d'une économie de marché et de la concurrence. La main invisible censée conduire des choix égoïstes vers l'intérêt général n'agit pas plus sur le « marché » politique que sur les marchés financiers. De même que la sphère marchande a besoin de la main visible du politique pour éviter le chaos économique, écologique et social, la sphère politique a besoin de la main visible des citoyens pour organiser l'évaluation, le contrôle et la sanction de l'action publique. Le marché a besoin du politique ; la politique a besoin d'une démocratie effective, où la souveraineté du citoyen ne serait pas qu'une formule.

Le véritable enjeu : la démocratie

Ainsi, le plus souvent, les lois de l'économie – si tant est qu'elles existent – ne sont pas celles que l'on croit. Soit, mais quelle importance ? Le lecteur rationnel qui doit arbitrer entre la lecture des pages qui suivent et mille autres activités plus excitantes est sans doute tenté d'abandonner aux seuls économistes le plaisir de gloser sur les « fausses » et les « vraies » lois de l'économie. Et ce d'autant plus qu'il redoute peut-être de ne savoir goûter vraiment à ce plaisir sans quelques années d'études préalables de la grammaire et du vocabulaire économiques. Qu'il soit rassuré sur au moins un point : nous tâcherons d'en parler ici avec les mots de tous les jours. Mais surtout, il ne devrait échapper à personne que l'enjeu politique dépasse ici largement l'enjeu académique.

Il s'agit en effet de démasquer la manipulation orchestrée par ceux qui exploitent l'ignorance au lieu de la combattre, et qui consiste à faire passer les règles du jeu dont ils tirent le plus grand profit pour des mécanismes universels, aussi nécessaires et inévitables que la loi de la pesanteur. La soumission aux lois de l'économie est l'habillage psychologiquement supportable de la soumission des hommes à d'autres hommes. Et ce que la référence usuelle aux lois de l'économie insinue dans la culture moderne est l'effacement progressif du citoyen devant l'expert. En effet, si la science est capable de déterminer ce que sont les « bonnes » et les « mauvaises » politiques économiques, à quoi bon demander leur avis à des électeurs ignorants ? Et si gouverner consiste à se conformer à des lois naturelles et incontournables de l'économie, des comités d'experts remplaceraient avantageusement les gouvernements et les parlements. C'est donc la démocratie qui est en jeu dans une réflexion sur les lois de l'économie.

Or, précisément, si le citoyen a bien des raisons de penser que les lois de l'économie jouent aujourd'hui contre la démocratie, c'est seulement parce qu'on diffuse à leurs propos une série de contre-vérités. Cette désinformation risque de fourvoyer les citoyens dans une réaction antiéconomique aux prétendues lois de l'économie et de les détourner ainsi de leur combat le plus urgent et le plus productif qui serait l'élaboration de règles du jeu politique nous rapprochant d'une démocratie effective.

Notre intention est donc ici de combattre la désinformation. Il nous faut pour cela identifier le corpus de croyances sur les résultats de l'analyse économique que les médias et le discours politique ont peu à peu installé dans l'opinion, et que certains économistes ont, avant cela, installé dans des universités, des institutions, des administrations. Pour chacune des questions étudiées nous nous contenterons simplement de faire ressortir *ce que dit vraiment* l'analyse économique, ce qu'elle ne dit pas et ce sur quoi elle n'a parfois rien à dire. Il s'agit d'éviter de mettre au compte de la science économique des vieux théorèmes dépassés, des inepties ou des lieux communs néolibéraux qui sont d'ailleurs une insulte à l'authentique pensée libérale [12].

12. Dans ce livre, nous ne prétendons bien évidemment pas à l'exhaustivité. Nous n'avons traité, dans notre première « saison » d'émissions et de chroniques, que quelques aspects les plus fondamentaux des lois de l'économie. Nous donnons rendez-vous au lecteur pour un nouveau volume, qui, dans un an, développera tous les résultats de la deuxième « saison ».

Loi n° 1

Les lois de l'économie sont les lois des hommes

La pertinence de la démarche que nous venons de proposer sera probablement reconnue sans grande difficulté. Mais son intitulé – les vraies lois – suscitera à n'en pas douter des ondes négatives. Car ceux qui sont les plus susceptibles de soutenir cette démarche sont aussi souvent ceux qui, en rupture avec une certaine dérive scientiste et impérialiste de l'économie, contestent la capacité de cette dernière à énoncer des lois scientifiques. Par ailleurs, nombre des insurgés contre la mondialisation libérale semblent radicalement allergiques au simple terme de « loi » de l'économie, qu'ils prennent pour un synonyme d'aliénation de l'humanité.

Existe-t-il des lois en économie ?

Mais cette contestation et cette allergie reflètent une confusion entre les deux sens du mot « loi » : il évoque soit une nécessité matérielle ou logique (les choses ne peuvent pas être autrement), soit une règle édictée par une volonté humaine (la société impose une contrainte à ses membres). Les sciences de la nature énoncent clairement des lois du premier type (la pesanteur, la gravitation, le théorème d'Archimède, etc.). Mais comment qualifier les mécanismes et les résultats mis en évidence par l'analyse économique ? S'agit-il de lois de la nature, universelles et atemporelles, qu'il serait absurde de contester, ou bien de processus déterminés par des choix humains, des conventions, des institutions et donc propres à un territoire, à une époque, évoluant au fil de l'histoire et toujours amendables ? On peut éventuellement contester que l'économie obéisse à des lois aussi mécaniques et constantes que celles qui commandent le retour des comètes ; mais il serait absurde de nier l'existence de tout mécanisme régulier déterminant et contraignant les comportements économiques. Demandez à un entrepreneur s'il ne subit pas la loi du marché ! En vérité, la question pertinente n'est pas de savoir s'il existe des lois en économie, mais d'identifier leur nature et leur origine. L'économie est-elle gouvernée par la nécessité ou par des conventions ? Qui donne les ordres qui nous contraignent : le cosmos, Dieu ou le droit et les institutions ? Qui écrit les règles sociales : dame Nature ou les hommes eux-mêmes ?

Aujourd'hui, une majorité probable des économistes pense que les lois de l'économie sont rarement du premier type (lois universelles de la nature) et le plus souvent du second (lois humaines, historiques et sociales). Cependant, tous ceux qui pensent ainsi ne se précipitent pas toujours pour le dire, par crainte de porter ombrage au prestige et à la crédibilité de leur discipline. Pour le public, en effet, le terme « science » est spontanément réservé aux disciplines qui énoncent les lois de la nature : la physique, l'astronomie, la biologie, etc., des disciplines dont on peut vérifier les prédictions et tirer des applications techniques fiables.

Quand vous parlez des « scientifiques », vous n'avez jamais en tête un sociologue, un historien ou un économiste. Et quand vous dites « laboratoire », vous songez à des personnages en blouse blanche manipulant des éprouvettes ou collés à l'œil d'un microscope ; vous n'imaginez pas des bureaux où s'affairent des économistes. Quand un astrophysicien raconte l'histoire de l'univers, vous êtes bluffé ; quand des économistes annoncent leurs prévisions, vous rigolez (et c'est vrai qu'il y a de quoi !). Dans ce contexte, quand un économiste prend trop ouvertement ses distances avec les sciences de la nature, le public peut entendre cela comme un aveu de faiblesse de sa discipline, et certains de ses collègues ne manquent pas de le lui reprocher : « C'est un mauvais service que vous rendez là à la science économique[13]. »

Et si d'aucuns en appellent ainsi à taire le débat méthodologique, au nom de l'union sacrée pour la gloire de la science économique, c'est que le public profane pourrait nous croire extrêmement incertains et divisés sur la nature scientifique de notre discipline. Pourtant, au fond, il n'en est rien.

13. Ce sont les termes mêmes employés par un collègue, justement après la lecture d'une première version du présent chapitre.

Nous sommes en réalité souvent en désaccord sur la *nature* et la *portée* de notre science, et, éventuellement, sur ce que le mot « science » veut dire, mais, à de rares exceptions près, nous ne doutons pas de la nécessité et de la possibilité d'adopter une démarche scientifique. En effet, aucun économiste ne pense sérieusement qu'il fait de la littérature, de la poésie, de l'art impressionniste, du bavardage ou du reportage. Aucun d'entre nous ne conteste la nécessité de développer des raisonnements théoriques et de les soumettre, autant que faire se peut, à l'épreuve des faits. Tout économiste pense que sa discipline a pour vocation de développer une connaissance rigoureuse des phénomènes sociaux ; connaissance qui permet aux hommes de mieux comprendre le monde dans lequel ils vivent et, partant, de concevoir des outils d'action pour mieux maîtriser leur destin personnel et collectif. Le fait que cette quête débouche souvent sur l'incertitude ou l'ignorance ne saurait nous dissuader de la poursuivre, puisque c'est précisément l'ignorance qui nous commande de chercher à comprendre. Et n'est-ce pas là l'essence de la démarche scientifique : cette conviction qu'entre l'intuition esthético-sentimentale et la métaphysique existe une place pour une compréhension du monde fondée sur la raison ? Mêmes ceux d'entre nous qui disent volontiers que l'économie n'est pas une science adhèrent à la démarche que nous venons de décrire et veulent, en fait, manifester leur opposition radicale au « scientisme » de leurs collègues, c'est-à-dire une conception bien particulière de la démarche scientifique.

La dérive « scientiste » de l'économie

Cela nous conduit au vrai débat qui divise les économistes [14]. Les uns considèrent l'économie comme l'une des sciences humaines et sociales, aux côtés de la sociologie, l'histoire, la science politique, etc. ; les autres la tiennent pour une science physico-mathématique énonçant des lois universelles d'une portée similaire à celle des lois qui gouvernent la matière. C'est cette dernière prétention que l'on dénomme habituellement le « scientisme ». Karl Marx la repère déjà chez les « classiques » anglais [15], à qui il en fait le reproche : « C'est par intérêt que vous érigez en lois éternelles de la nature et de la raison vos rapports de production et de propriété, qui n'ont qu'un caractère historique et que le cours même de la production fera disparaître [16]... » La revendication d'un statut identique à celui des sciences de la nature devient explicite à la fin du XIXe avec Léon Walras : « Il est à présent bien certain que l'économie politique est, comme l'astronomie, comme la mécanique, une science à la fois expérimentale et rationnelle [17]. »

14. Nous avons développé cette question dans « De la science éco à l'économie humaine », *L'Économie politique*, 1er trimestre 2001. Voir aussi notre « Manifeste pour l'économie humaine », *Esprit*, juillet 2001, et Jean-Pierre Maréchal, « Critique d'un lieu commun : l'économie comme science », *ibid.*

15. Cf. chap. précédent, note 6.

16. Cité par Alain Samuelson, *Les Grands Courants de la pensée économique*, Presses universitaires de Grenoble, 1990.

17. *Éléments d'économie politique pure*, préface à la 4e éd., LGDJ, 1952 ; cité par J. Boncœur et H. Thouément,

Cette revendication exprime assurément un besoin de reconnaissance qui était en partie légitime, et sans aucun doute utile, à une époque où le progrès incomplet de l'esprit scientifique risquait de laisser le débat économique et social aux mains du relativisme, de l'impressionnisme ou de l'obscurantisme. Il est certain que l'économie n'a pu se constituer comme un objet d'analyse de la raison qu'en conquérant son autonomie à l'égard des doctrines religieuses, de la philosophie morale et de la pensée politique. Qui peut nier que cette conquête de la raison est une étape du progrès humain ?

Hélas, ce qui n'aurait dû constituer qu'une étape est devenu pour certains la fin du voyage. A partir de Léon Walras en effet, le souci d'imiter les méthodes des sciences physiques conduit le courant dominant de la science économique – le courant néoclassique [18] – à des coupes claires dans son objet d'étude. Les lois de la nature étant intemporelles et indépendantes de l'action humaine, l'économie ne peut énoncer de telles lois qu'à la condition d'être hors du temps, anhistorique et totalement déconnectée des réalités de l'action humaine, c'est-à-dire également amorale, asociale et apolitique. L'économie néoclassique a, dans un premier temps, évacué de son champ de vision tout ce qui ne pouvait pas se mettre aisément en équations et fonder des raisonnements qui aient la même rigueur que les théorèmes mathématiques.

Histoire des idées économiques, Nathan, coll. « Circa », 1994, t. 2.

18. Cf. chap. précédent, note 5.

Et, parce qu'il fallait soumettre les hypothèses théoriques à des tests empiriques, elle a aussi limité ses modèles aux seules variables susceptibles d'une mesure statistique.

Mais, en singeant ainsi les méthodes et les ambitions des sciences de la nature, l'économie néoclassique fit un contresens monumental. La force et le prestige de ces dernières ne viennent pas de leurs méthodes en elles-mêmes, mais de la relative adaptation de leurs méthodes à leur objet de recherche qui est la matière. Et rien ne garantissait *a priori* que les outils conçus pour une science de la matière soient aussi les plus pertinents pour une science de l'homme. Plutôt que de se poser sérieusement ce dernier problème, les économistes néoclassiques n'ont pu réprimer l'envie d'endosser à la hâte la blouse prestigieuse du physicien.

On ne résiste pas ici au plaisir de relire la critique que Friedrich von Hayek fit du scientisme dans les sciences sociales. Les néolibéraux qui voudraient, aujourd'hui, assimiler les lois de l'économie aux lois physico-mathématiques seraient bien inspirés de méditer les paroles de cet Autrichien qui est habituellement considéré comme l'un des papes du libéralisme contemporain, voire de l'ultralibéralisme [19] :

19. Friedrich von Hayek (né en 1899) est le principal représentant contemporain de la branche autrichienne de l'école néoclassique, branche initiée par Carl Menger (1840-1921) et Eugen von Böhm-Bawerk (1851-1914). Cette branche est souvent plus libérale que la branche anglaise ou française, qu'elle critique pour leur irréalisme. Elle se distingue par l'attention toute particulière portée au rôle du temps et de

« Dans la première moitié du XIXe siècle, une nouvelle attitude se fit jour. Le terme de "science" fut de plus en plus restreint aux disciplines physiques et biologiques qui commencèrent au même moment à prétendre à une rigueur et à une certitude particulières qui les distingueraient de toutes les autres. Leur succès fut tel qu'elles en vinrent bientôt à exercer une extraordinaire fascination sur ceux qui travaillaient dans d'autres domaines ; ils se mirent rapidement à imiter leur enseignement et leur vocabulaire. Ainsi débuta la tyrannie que les méthodes et les techniques des Sciences au sens étroit du terme n'ont jamais cessé d'exercer sur les autres disciplines. Celles-ci se soucièrent de plus en plus de revendiquer l'égalité de statut en montrant qu'elles adoptaient les mêmes méthodes que leurs sœurs dont la réussite était si brillante, au lieu d'adapter davantage leurs méthodes à leurs propres problèmes. Cette ambition d'imiter la Science dans ses méthodes plus que dans son esprit allait, pendant quelque cent vingt ans, dominer l'étude de l'homme, mais elle a dans le même temps à peine contribué à la connaissance des phénomènes sociaux [20]. »

Cette dérive scientiste recèle un appauvrissement puisque, au lieu d'élargir une palette d'outils origi-

---

l'information dans le fonctionnement des marchés et de la société.

20. Friedrich von Hayek, *Scientisme et Sciences sociales* (1952), trad. Raymond Barre, Plon, 1953, chap. 1er; également reproduit dans J. Boncœur et H. Thouément, *Histoire des idées économiques*, *op. cit.*

naux adaptés à la complexité sociale, elle a souvent abouti à rétrécir la réalité sociale effectivement considérée par l'économiste aux seules dimensions compatibles avec les outils développés pour les sciences de la nature. Le scientisme est ainsi comparable à l'attitude d'un tailleur qui, pour faire rentrer un client très grand dans un costume trop court, amputerait les bras plutôt que de retailler les manches.

Cette méthodologie mutilante nous a donné le fameux *Homo œconomicus*, soit une conception de l'acteur individuel dont le seul nom évoque une amputation : la dimension spécifiquement économique de cet *Homo* est supposée séparable des autres dimensions. Et l'économie néoclassique ne se gênera pas pour séparer, en isolant et extrayant la seule fonction « calculette », dans la complexité de l'âme humaine.

Ainsi les « agents » ou « individus représentatifs » de la théorie néoclassique ne sont pas à proprement parler des hommes, ni même des approximations de l'homme : ce sont des centres d'usage ou de stockage de biens liés entre eux par des flux matériels ou monétaires ; ce ne sont même pas des centres de « décision » au sens propre du terme, mais des centres de calcul répondant aux variations de leur environnement selon des lois mathématiques (ils maximisent l'utilité de l'agent). Ils n'ont donc rien à voir avec les hommes, qui sont tout à la fois déterminés par des valeurs, des humeurs, leur éducation, leurs liens sociaux, leur histoire personnelle et collective, leur culture ; qui agissent et interagissent dans un contexte d'information limitée et d'incertitude radicale quant aux « bonnes » décisions ; qui sont à la fois *objets* contraints par des règles du jeu et *sujets* écrivant eux-mêmes ces règles.

Or, les lois de comportement des hommes et de leurs organisations ne peuvent être aussi stables que celles qui commandent la chute des pommes. Elles résultent en effet d'institutions et de conventions que les hommes fabriquent eux-mêmes et transforment, au gré de l'évolution de leurs connaissances et des rapports de forces entre des groupes d'intérêts aux frontières variables. Et, à l'intérieur d'un système économique donné, les mêmes causes ne produiront pas forcément les mêmes effets, car les comportements varient aussi en fonction de l'humeur des acteurs, de leurs anticipations, de leurs croyances momentanées. Lancez une pierre en l'air et vous pouvez être certain qu'elle retombera au sol. Lancez la même pierre sur quelqu'un et vous ne serez jamais sûr de sa réaction. On peut donc faire des prévisions d'une précision inouïe sur le comportement de la matière (le mouvement des astres, le retour des comètes, la température d'ébullition d'un liquide, etc.), alors qu'on ne peut, au sens strict, faire aucune prévision en sciences sociales. Tout au plus fait-on des prédictions *toutes choses étant égales par ailleurs*. C'est-à-dire des propositions du genre : « A tel endroit, à telle heure, si rien d'autre ne bouge dans l'univers que la variable *X*, cela devrait entraîner telle variation des variables *Y* ou *Z*. »

Bien évidemment, tout ce qui, dans cette prédiction, est considéré comme un *paramètre* (une donnée supposée constante) peut dans la réalité varier de façon totalement imprévisible. Vous dites par exemple : « Toutes choses étant égales par ailleurs, si la semaine prochaine le gouverneur de la Fed[21] décide de baisser les taux d'intérêt, le cours du dollar devrait se déprécier par rapport à l'euro. » Vous prévoyez en fait des sorties de capitaux américains vers l'Europe, en quête d'une rémunération plus élevée, entraînant donc de fortes ventes de dollars contre des euros : sur le marché des changes, la forte demande d'euros devrait apprécier la monnaie européenne et déprécier le dollar. C'est une prévision sensée, *toutes choses étant égales par ailleurs*. Seulement voilà : elles ne sont pas « égales », les « choses » ; c'est même là la seule prévision certaine que vous puissiez faire. En revanche, vous ne pouvez pas prévoir la chute du pot de fleurs qui tuera demain le malheureux gouverneur, ni que son remplaçant inspire une telle confiance des investisseurs que ceux-ci préfèrent demander des dollars et investir des capitaux aux États-Unis, même si les taux d'intérêt y sont plus bas que dans d'autres pays, où la politique économique inspire néanmoins plus d'inquiétudes. Et, de toute façon, même si le gouverneur a évité le pot de fleurs, vous ne savez pas comment réagiront les autres banques centrales et donc les taux d'intérêt en Europe ; vous ignorez tout des cent autres événements susceptibles d'affecter l'humeur des investisseurs dans la semaine qui vient. La seule chose que vous sachiez est, hélas, que, dans le même genre de situation et face au même type de

21. Petit nom de la Banque de réserve fédérale des États-Unis.

politique, les opérateurs sur les marchés financiers ont par le passé réagi de façon extrêmement variable !

Donc, pour être clair, les prévisions économiques ressemblent un peu aux prévisions météorologiques. Le seul moyen de ne pas se tromper est de s'en tenir à des prévisions du genre : « S'il pleut demain, le sol sera humide » – c'est-à-dire à l'énoncé de simples liaisons logiques entre des variables. Au-delà, vous devez vous contenter de dire : « On a telle ou telle bonne raison de penser que cela devrait produire ceci, mais on n'est sûr de rien et qui vivra verra ! »

Le drame des sciences sociales, comparées aux sciences physiques, c'est que, dans la société, il n'y a quasiment que des variables et aucun paramètre ! Et si l'on veut fuir la complexité au lieu de l'embrasser, si l'on veut n'énoncer que des lois de comportement invariables, dans un monde où tout varie, on s'expose à n'en trouver que deux ou trois, ce qui serait trop peu glorieux pour justifier la création d'un ersatz de prix Nobel d'économie[22]. C'est pourquoi, la quête de reconnaissance l'emportant sur celle de la connaissance, une partie de la profession a préféré construire un monde imaginaire, un terrain de jeu idéal, où s'épanouirait un peuple d'axiomes et de théorèmes à l'élégance rare, mais situé à des années-lumière de l'économie réelle. L'ancienne « économie politique » n'accéda ainsi au statut de science « pure »

22. L'Académie Nobel ne décerne aucun prix aux économistes. C'est la Banque royale de Suède qui a créé pour eux un « prix en l'honneur d'Alfred Nobel ». Un peu comme si le ministère français de la Culture créait un prix littéraire « en l'honneur des frères Goncourt ».

qu'en renonçant à être une science « économique », en se muant en branche particulière des mathématiques.

Lois aliénantes et lois libératrices

Toutefois, cette dérive ne reflète pas seulement l'ambition et la vanité des économistes ; encore une fois, elle était sans doute l'aboutissement logique d'un long effort d'émancipation de la réflexion sociale à l'égard de la morale et de la religion. Et, à n'en pas douter, les économistes qui ont voulu croire à la constitution d'une science « pure » de l'économie étaient souvent animés par le souci de développer un outil au service de l'émancipation et du bien-être des hommes. Les premiers néoclassiques étaient des humanistes.

Mais cet humanisme recèle une ruse de la raison propre à l'esprit des lumières, et qui contamina aussi bien l'économie politique libérale que le marxisme. L'homme qui croit se libérer des dieux et des tyrans, en instaurant le règne de la raison, ouvre aussi la voie aux formes modernes du totalitarisme qui, au nom d'une raison universelle, nie l'autonomie des hommes et des femmes.

C'est déjà au nom des lois scientifiques de l'économie et de l'histoire que le communisme a, durant des décennies, banni le droit des peuples à disposer d'eux-mêmes. Et c'est, aujourd'hui à nouveau, au nom de ces lois que l'on tente d'imposer à tous les peuples le même capitalisme marchand en prétendant qu'aucun autre modèle n'est seulement pensable.

Ainsi, la libération de la raison et la libération par la raison, caractéristiques de la modernité, peuvent bien n'être que l'échange d'une aliénation contre une autre, plus radicale encore. L'idée selon laquelle les lois de l'économie seraient aussi inéluctables que celles de la nature peut déposséder les hommes de leur propre histoire plus encore que la soumission de l'ordre social à la volonté divine. Car l'homme peut se révolter contre Dieu et les tyrans, mais pas contre la loi de la gravitation.

Cependant, l'aliénation ne réside pas dans l'existence même d'une loi naturelle, mais dans son instrumentalisation par une idéologie de l'impuissance et de la résignation. Après tout, la connaissance des lois de la nature reste un outil d'émancipation de l'humanité tant que celle-ci l'emploie à étendre sa maîtrise de la nature. Accepter la fatalité du vent est le premier pas vers l'invention de la voile et l'art de la navigation.

Par conséquent, s'il existe des lois naturelles de l'économie, rien ne nous interdit d'en faire le même usage libérateur (ou destructeur) que celui fait avec la physique, la chimie ou la médecine ; rien, sauf une théologie ultralibérale qui condamne les hommes et les femmes à n'être que les témoins passifs de leur histoire, pour mieux laisser le champ libre à ses grands prêtres.

Prenons justement l'exemple d'une loi quasi universelle en économie, une de ces lois qui énoncent une nécessité logique pertinente en tout lieu et à toute époque : la *loi des rendements factoriels décroissants*. Énoncée correctement pour la première fois par le Français Turgot (1727-1781), elle dit ceci (dans sa formulation moderne) : si on utilise une quantité croissante d'un facteur de production (travail par exemple) sans modifier les techniques de production ni la quantité des autres facteurs, alors la productivité de ce facteur variable doit nécessairement diminuer à un moment ou à un autre.

Notre propos n'étant pas ici de discuter cette loi (peut-être devrons-nous un jour y consacrer une vraie loi), nous demandons au lecteur d'admettre comme hypothèse qu'il s'agit bien là d'une nécessité mécanique et universelle, contre laquelle les hommes et les gouvernements ne peuvent strictement rien [23]. Il apparaît aussitôt que, si implacable que cette loi puisse être, elle n'a en elle-même rien d'aliénant pour les hommes. Cette loi nous apprend simplement des choses à partir de quoi nous pouvons fonder des actions. Par exemple, elle nous apprend que, toutes choses étant égales par ailleurs, la productivité des travailleurs diminue forcément quand leur durée hebdomadaire de travail augmente. Cela peut nous conduire à décider une réduction collective de la durée de travail hebdomadaire, en sachant que les heures de travail supprimées seront en partie compensées par des gains de productivité. Notez bien que, sous d'autres cieux et en d'autres temps (espérons-le), cette même loi des rendements décroissants a conduit à enrôler violemment de plus en plus d'esclaves pour

23. Ceux qui tiennent absolument à un exposé technique en règle sur ce point pourront se référer à notre *Économie politique*, t. 2 : *Microéconomie*, 3e éd., Hachette, coll. « Les Fondamentaux », 2000.

remplacer ceux que l'on tuait à la tâche. La loi de l'économie, fût-elle incontournable et universelle, n'en reste pas moins un outil au service des hommes, pour le meilleur et pour le pire.

Ce ne sont donc pas les lois de la nature qui sont aliénantes ou libératrices, mais l'usage que nous en faisons. L'estime dans laquelle on tient les « vrais » scientifiques repose d'ailleurs précisément sur la conviction qu'ils œuvrent à l'émancipation de l'humanité, et non à son asservissement à des lois étrangères à leur volonté. Ainsi, plus une loi est robuste et incontestable, plus elle élargit l'espace de liberté en posant des points d'appui, des repères immuables à partir de quoi l'action humaine peut élaborer une stratégie.

Par ailleurs, la science économique n'est guère en mesure d'énoncer plus de trois ou quatre lois aussi universelles que la loi des rendements décroissants. Pour le reste, la conviction croissante des économistes dans le monde, et parmi eux des plus grands esprits [24], est que les lois de l'économie ne sont pas assimilables aux lois de la physique. Il s'agit de lois historiques et sociales (valables dans un contexte donné), et assez largement façonnées par des institutions et des conventions, des lois qui, quoiqu'elles puissent être extrêmement contraignantes à une

24. On trouvera dans ce sens de nombreuses citations des plus grands économistes *in* Bernard Maris, *Lettre ouverte aux gourous de l'économie qui nous prennent pour des imbéciles*, Albin Michel, 1999, et Jean-Pierre Maréchal, « Critique d'un lieu commun : l'économie comme science », art. cit.

époque donnée, n'en restent pas moins amendables par les hommes.

Cette vision de l'économie, comme une science humaine, sociale, historique, politique et morale, est, avec des variantes, très largement dominante chez les économistes qui prennent ouvertement position sur le terrain méthodologique. Vous trouverez difficilement un écrit récent d'économiste assimilant l'économie à la physique ou à l'astronomie. Certes, une majorité d'économistes n'en parle même pas et fait de l'économie sans prendre le soin de dire quel genre de « science » elle pense pratiquer, et parfois sans seulement se poser la question. Mais, encore une fois, si vous isolez un à un les membres de cette majorité silencieuse (y compris ceux qui utilisent intensément les méthodes des sciences physiques), vous trouverez très peu d'individus assez incultes ou culottés pour ne pas reconnaître que l'assimilation de l'économie à une science de la nature est une vision qui, quoiqu'elle ait sans doute contribué au développement de notre discipline, est une impasse méthodologique dont l'emprunt obstiné bloquerait l'élaboration de méthodes vraiment adaptées à notre objet spécifique d'étude.

Aussi est-il paradoxal de constater que, précisément à l'époque où la science économique elle-même renonce à considérer ses prescriptions comme des ordres de la nature, le discours dominant met en avant les lois de l'économie pour ordonner le retrait du politique, la soumission de la volonté politique.

Le paradoxe n'est qu'apparent. Il rappelle seulement que le discours politique est rarement fondé sur la science, mais exploite et instrumentalise le discours scientifique pour servir ses visées immédiates. En l'occurrence, la victoire politique du néolibéralisme ne peut s'afficher comme une victoire des puissants sur les faibles, des riches sur les pauvres. Il lui faut donc maquiller sa victoire politique en nécessité scientifique pour décrédibiliser et décourager la contestation.

Partir à la recherche des vraies lois de l'économie, c'est justement procéder au *démaquillage* du discours économique pour identifier la vraie source des ordres qui gouvernent les rapports sociaux. On découvre que les théorèmes de l'économie sont rarement de même nature que le théorème d'Archimède. Mais si l'économie échappe à la nécessité de la nature, elle n'est pas pour autant livrée au hasard. Et si l'ordre qui la gouverne n'est pas mécanique, il est nécessairement humain et donc amendable. La guerre que beaucoup de nos concitoyens croient aujourd'hui engagée entre lois des hommes et lois de l'économie n'aura pas lieu, puisque ces dernières, fussent-elles parfois inhumaines, sont des lois des hommes.

Loi n° 2

Ce qui a de la valeur n'a pas de prix

Quel est le fondement de la valeur ? Qu'est-ce que la richesse ? Pourquoi des questions aussi fondamentales sont-elles aujourd'hui absentes du débat académique ? Tout simplement parce que la plupart des économistes considèrent qu'elles ont été réglées de façon quasi définitive voici plus de cent trente ans. Et, pour le profane, les réponses semblent probablement triviales : à l'évidence, en économie et pour les économistes, a de la valeur ce qui a un prix, c'est-à-dire tout ce qui est susceptible d'une évaluation monétaire ; et « être riche », c'est « avoir de l'argent » ou des biens, des titres, des talents qui valent de l'argent. Oh, certes, le bon sens populaire est aussi convaincu que, bien souvent, ce qui a vraiment de la valeur dans la vie d'un homme n'a pas de prix. Qui n'a pas dit un jour : « La santé, ça n'a pas de prix ! » ? Et l'amitié, et la paix, et *tutti quanti*. Mais le même bon sens, soutenu par le discours économique dominant, est persuadé que ces belles pensées n'ont pas cours chez les économistes : l'économie est la science des valeurs marchandes. C'est pourtant absolument faux ! Mais cela n'empêche pas la vision marchande de la valeur d'imprégner le discours économique dominant dans le débat public contemporain.

La vision marchande de la valeur

Cette vision marchande de la valeur et de la richesse est en effet le fondement implicite d'une série de postulats – tout à fait explicites, eux – qui caractérisent le discours néolibéral de ces vingt dernières années. Résumons-les brièvement. Seules les entreprises créent les « vraies » richesses et donc les « vrais » emplois. Certes, une société ne peut se passer de certaines activités publiques (police, justice, etc.), parce qu'elles sont utiles au fonctionnement harmonieux et paisible des activités productives. Mais les biens publics n'ont pas de valeur en soi. Ils sont des coûts nécessaires à la création des richesses, ils ne sont pas des richesses ; les impôts levés pour les financer sont donc des « prélèvements » sur la richesse d'une nation. C'est bien la raison pour laquelle on parle toujours du « poids » de l'État mais jamais du « poids » de l'automobile ou du « poids » de la banque. Au compte d'exploitation de la nation, l'activité des entreprises est un produit, l'État est une charge. Il s'ensuit logiquement qu'il convient toujours de réduire les dépenses publiques et les impôts autant qu'il est possible pour orienter de préférence les ressources vers les productions marchandes. La loi de la valeur marchande n'est pas neutre ; elle fonde une vision marchande et ultralibérale de la société.

Pourtant, cette loi de la valeur n'a quasiment jamais été défendue par *aucune* école de pensée, et la théorie économique la plus orthodoxe, dont se réclament souvent les libéraux, a adopté depuis la fin du XIXe une définition radicalement différente de la valeur. Dès 1776, Adam Smith écrivait : « Un homme est riche ou pauvre suivant les moyens qu'il a de se procurer les besoins, les commodités et les agréments de la vie[25]. » Autrement dit, la substance de la richesse et de la valeur est fondée sur la satisfaction de tous les besoins humains, sur ce qu'Adam Smith appelle la « valeur d'usage » et la plupart des autres économistes l'« utilité ». Karl Marx sera le seul à vraiment contester cette vision en reconnaissant dans le travail la substance de la valeur. Mais, au sein de l'économie orthodoxe, la nature de la valeur, et, partant, de la richesse, ne fait pas vraiment débat.

Les difficultés de la valeur travail

Des controverses vont néanmoins apparaître parce que la valeur, outre la question de sa nature, soulève aussi celle de sa mesure. Deux pistes de recherche vont s'opposer pendant près d'un siècle. La piste française, initiée par Étienne Bonnot de Condillac (en 1776) et Jean-Baptiste Say (en 1803), fonde la valeur des biens sur leur utilité, appréciée subjective-

25. *Essai sur la nature et les causes de la richesse des nations* (1776), trad. Gérard Mairet, Gallimard, coll. « Folio Essais », 1976, p. 61.

ment par les individus et échappant par conséquent à toute mesure objective. La piste anglaise, initiée par Adam Smith (en 1776) et généralisée par David Ricardo (en 1817), cherche au contraire un étalon objectif de mesure de la valeur.

Smith et Ricardo, tout en reconnaissant au fond que l'utilité des biens constitue l'essence de la valeur, pensent qu'elle ne permet pas d'expliquer la formation de la valeur dans les échanges (c'est-à-dire les prix). En effet, explique Adam Smith, l'eau, qui a la plus grande utilité, n'a quasiment aucune valeur sur le marché, tandis que le diamant, assurément moins nécessaire à la vie que l'eau, a un prix très élevé. La valeur d'usage paraît donc incapable de fonder une explication des valeurs marchandes. L'étude de l'économie, qui a alors pour principal objet l'explication rigoureuse des phénomènes associés au développement de l'économie marchande, ne peut se contenter d'une définition philosophique de la valeur, impuissante à décrire la réalité des échanges. Mais alors, pourquoi ne pas mesurer les valeurs par les prix tout simplement ?

Les prix sont alors disqualifiés comme étalon de mesure des valeurs parce que leurs variations reflètent autant l'instabilité de la valeur de la monnaie (l'or à l'époque) que l'évolution de la valeur des biens. Smith et Ricardo cherchent donc un étalon de mesure dont la valeur propre soit plus stable que celle de l'or. Ils proposent alors de prendre pour étalon la quantité de travail incorporée dans les biens. La théorie de la valeur travail est née. Mais elle va bien vite rendre l'âme dans le courant dominant. Cette piste de recherche soulève en effet des questions complexes qui resteront longtemps sans réponse satisfaisante. Comment comparer le temps de travail incorporé dans les biens quand le travail n'est pas homogène ? Autrement dit, une heure de travail d'un ingénieur vaut-elle autant, plus ou moins qu'une heure de travail d'un manœuvre ? De plus, les biens sont produits avec du travail, mais aussi avec du capital (les outils, les équipements).

On peut bien sûr, comme le propose Ricardo, considérer le capital comme du « travail indirect », dans la mesure où sa production incorpore du travail (et du capital qui incorpore à son tour du travail, et ainsi de suite). Mais comment mesurer la contribution de ce travail indirect, qui est de plus très hétérogène en qualité et en durée de vie ? Assez vite, les économistes vont se rendre à l'évidence : la théorie de la valeur travail semble être un imbroglio indémêlable. John Stuart Mill la rejette dès 1848, dans ses *Principes d'économie politique*, considérés comme la dernière grande synthèse de l'économie politique classique.

Bref, on revient à la case départ et à la conception de Jean-Baptiste Say. A de la valeur ce qui est utile aux hommes. Une explication simple de la formation des valeurs marchandes (des prix) est par ailleurs offerte par la tension entre la rareté des biens et l'intensité de la demande. Les biens rares et fortement demandés sont chers, les biens abondants et/ou peu demandés sont bon marché. Il faut souligner aussi que la conception de la valeur fondée sur l'utilité écarte explicitement l'idée que seuls les biens échangés sur des marchés auraient de la valeur et seraient source de richesse. Là encore, les néolibéraux qui soutiennent aujourd'hui une conception marchande de la valeur devraient relire Jean-Baptiste Say, principal précurseur du modèle néoclassique sur lequel ils pensent fonder scientifiquement leur discours. Voici par exemple le commentaire critique qu'il fait à la lecture de Ricardo :

« Je ne saurais m'empêcher de remarquer ici que cette nécessité de fixer la valeur des choses par la valeur qu'on peut obtenir en retour de ces mêmes choses, dans l'échange qu'on voudrait en faire, a détourné la plupart des écrivains du véritable objet des recherches économiques. *On a considéré l'échange comme le fondement de la richesse sociale, tandis qu'il n'y ajoute effectivement rien.* Deux valeurs qu'on échange entre elles, un boisseau de froment et une paire de ciseaux, ont été préalablement formées avant de s'échanger ; la richesse qui réside en elles existe préalablement à tout échange ; et, bien que les échanges jouent un grand rôle dans l'économie sociale, bien qu'ils soient indispensables pour que les produits parviennent jusqu'aux consommateurs, ce n'est point dans les échanges mêmes que consiste la production ou la consommation des richesses. *Il y a beaucoup de richesses produites, et même distribuées sans échange effectif*[26]. »

Et le *Traité d'économie politique* (1803) de Jean-

26. Note de Jean-Baptiste Say sur l'édition du livre majeur de David Ricardo, *Des principes de l'économie politique et de l'impôt* (1817), trad. Cécile Soudan, Garnier-Flammarion, 1992, p. 455-456. C'est nous qui soulignons.

Baptiste Say, comme ses correspondances avec ses collègues, consacre de longs développements à montrer que toute activité matérielle ou immatérielle, marchande ou non marchande, est créatrice de richesse, dès lors qu'elle est *utile* à quelqu'un. Le précurseur du modèle néoclassique libéral ouvre ainsi, malgré lui il est vrai, la voie d'une critique de la marchandisation du monde !

Dès le milieu du XIXe siècle, donc, l'idée que la valeur est définie subjectivement par les hommes eux-mêmes l'emporte sur l'idée d'une définition objective. Mais c'est une victoire par abandon provisoire du challenger (la théorie de la valeur travail) et qui ne règle en rien le problème qui avait lancé le débat. Comment expliquer en effet que certains biens très utiles ne valent quasiment rien sur les marchés ? Comment surmonter le paradoxe de l'eau et des diamants exposé par Adam Smith ?

De la souveraineté du consommateur à la souveraineté du citoyen

Dans les années 1860-1870, une solution élégante à ce paradoxe va définitivement assurer la victoire de la piste française. De façon indépendante, l'Anglais Stanley Jevons (en 1862), l'Autrichien Carl Menger (en 1870) et le Français Léon Walras (en 1874) développent la théorie de l'*utilité marginale*. L'utilité marginale est la satisfaction individuelle procurée par une unité supplémentaire d'un bien. Par exemple, quand vous avez soif, vous buvez quelques gorgées d'eau jusqu'à éteindre votre soif. L'utilité totale est la satisfaction globale de votre besoin. L'utilité marginale est le supplément de satisfaction que vous éprouvez à chaque gorgée d'eau. Selon la loi d'intensité décroissante des besoins, et donc de l'utilité (énoncée par Heinrich Gossen en 1854), il est raisonnable de penser que l'utilité de la première gorgée d'eau est plus forte que celle de la deuxième, et ainsi de suite, parce que la soif diminue au fur et à mesure de votre consommation d'eau. Cette observation conduit à énoncer *la loi de l'utilité marginale décroissante avec la quantité consommée.*

Cet outil élémentaire apporte la solution au paradoxe de l'eau et des diamants. L'erreur d'Adam Smith fut de ne pas comprendre que c'était l'utilité marginale, et non l'utilité totale, qui pouvait expliquer la formation des prix. L'eau, qui est indispensable à la vie, a une utilité totale extrêmement élevée, mais une utilité marginale très faible : l'abondance de l'eau fait que les besoins sont satisfaits jusqu'à satiété. Quand personne n'a soif, l'utilité du verre d'eau supplémentaire est nulle et donc son prix est également nul. Inversement, le diamant a une utilité totale insignifiante, comparée à celle de l'eau, mais sa grande rareté fait qu'il a une forte utilité marginale et donc un prix élevé. L'utilité totale fonde la richesse, elle constitue l'essence de la valeur, mais c'est l'utilité marginale qui détermine les valeurs marchandes.

En éliminant la contradiction apparente entre valeur d'usage et valeur d'échange, cette « révolution marginaliste » consacre la vision subjective de la valeur, comme l'exprime avec force Carl Menger :

« Ainsi la valeur n'est pas inhérente aux biens, elle n'en est pas une propriété [...]. C'est un *jugement* que les sujets économiques portent sur l'importance des biens [...]. Il en résulte que *la valeur n'existe pas hors de la conscience des hommes*[27]. »

Cette nouvelle définition, qui ne sera plus jamais sérieusement contestée au sein de la théorie économique orthodoxe, renvoie au placard des inepties économiques l'idée selon laquelle seules les entreprises et les activités marchandes créent des richesses. Il suffit qu'un être au monde considère les biens publics comme utiles à son bien-être pour en faire des richesses en soi. Et comme seul l'individu souverain peut savoir comment les ressources disponibles doivent être réparties entre biens publics et biens privés, la théorie économique est incapable de définir *a priori* un « bon » niveau d'État, pas plus qu'elle ne peut dire *a priori* la part que les voitures ou les poireaux doivent occuper dans le produit de la nation. Seule la délibération entre les individus souverains permet d'effectuer un choix collectif légitime sur le partage biens publics/biens privés. Ainsi, cette même théorie de la valeur qui va fonder la souveraineté du consommateur fonde aussi – malgré elle peut-être – la souveraineté du citoyen.

27. Cité par Alain Samuelson, *Les Grands Courants de la pensée économique*, *op. cit.* C'est nous qui soulignons.

Le dévoiement de la loi de la valeur

Las, par une ruse insidieuse de la raison, la nouvelle théorie dominante allait par la suite contribuer à promouvoir une vision essentiellement marchande de la valeur. Ce dévoiement de l'approche subjective de la valeur s'explique par l'ambition principale du modèle néoclassique : démontrer que le libre jeu de la concurrence et la parfaite flexibilité des prix conduisent à un équilibre général (équilibre simultané de l'offre et de la demande sur tous les marchés) qui garantit un usage optimal des ressources. Alors, voici la ruse : si le prix d'un bien quelconque reflète toujours et partout l'équilibre entre son offre et sa demande, ce prix est une mesure de la valeur subjective que les individus attribuent à ce bien.

En effet, si, à ce prix, les acheteurs estiment que la valeur réelle d'une unité du bien (l'utilité marginale) est inférieure à son prix, ils refusent de l'acheter ; il s'ensuit un recul de la demande qui fera baisser le prix jusqu'à ce qu'il soit égal à l'utilité marginale. Inversement, si la valeur subjective du bien est supérieure à son prix, sa demande augmente et son prix s'élève jusqu'à rétablir l'égalité entre valeur subjective et valeur marchande.

L'élégance évidente de cette solution au problème de la mesure des valeurs a, semble-t-il, suffi à nourrir ensuite une confusion colossale entre la substance de la valeur (le bienfait pour l'individu) et la mesure monétaire des valeurs marchandes. On ne peut en effet nier la propension évidente de nombreux économistes orthodoxes à raisonner « comme si » seuls les biens marchands avaient une valeur réelle, quand bien même cela entre en contradiction flagrante avec la définition subjective de la valeur. Mais si les néoclassiques oublient si volontiers de tirer toutes les conséquences pratiques et politiques de leur propre théorie de la valeur, c'est que leur objectif central n'a rien à voir avec la question de la substance de la valeur. Cette question relève à leurs yeux de la philosophie morale et politique, dont ils veulent, en réalité, se distinguer radicalement, pour ne s'occuper que des questions « objectives » susceptibles de mobiliser les outils mathématiques, grâce auxquels ils espèrent élever l'économie au rang des sciences physiques.

La « solution » néoclassique à la question de la mesure des valeurs est d'une élégance trompeuse. En fait, elle ne résiste pas plus de quelques secondes à l'examen des conditions nécessaires à sa pertinence. Et, pour commencer, cette « solution », pensée à propos de biens de consommation privés qui satisfont directement les besoins des individus, s'applique assez mal aux matières premières, aux biens d'investissement et aux biens publics.

Ainsi, par exemple, la valeur marchande d'une entreprise, d'un appartement, d'un terrain, d'une matière première peut connaître des fluctuations considérables, en partie provoquées par la spéculation, dont rien ne permet de penser qu'elles s'accompagnent de variations équivalentes de l'utilité des biens en question. Le spéculateur qui achète un bien ou un titre, à un certain prix, n'exprime pas le niveau d'utilité que représente pour lui ce bien ; il exprime sa croyance ou son pari dans la hausse prochaine du prix qui lui permettra un gain en capital.

Les prix ne peuvent bien évidemment pas mesurer la valeur des biens publics qui ne font l'objet d'aucun échange marchand. L'utilité de la défense nationale ne peut être évaluée par son prix de vente, puisqu'elle n'en a pas. C'est pourquoi les comptes de la nation mesurent la production de défense nationale par son coût de production pour la nation. Mais il est clair que cette mesure indirecte du « prix à payer » pour produire ce service ne nous dit strictement rien sur son utilité subjective pour chaque citoyen.

Mais les prix ne nous renseignent pas davantage sur la valeur subjective des biens de consommation privés, pour toute une série de raisons, dont nous n'évoquerons ici que quelques-unes. Les prix ne pourraient être considérés comme une mesure indirecte de l'utilité des biens que s'ils ne reflétaient rien d'autre qu'un équilibre librement négocié entre la volonté des vendeurs et celle des acheteurs, sur des marchés parfaitement concurrentiels, où aucun acteur n'a plus de pouvoir qu'un autre d'influencer les conditions de l'échange. Or, dans la réalité, les prix sont affectés par bien d'autres choses – par exemple, les taxes et charges sociales dont les variations n'ont pas grand-chose à voir avec l'utilité des biens pour les acheteurs. Le fait que la même voiture soit plus ou moins chère des deux côtés d'une frontière, parce que les taxes y sont différentes, n'indique en rien que les habitants des deux pays concernés lui attribuent une valeur différente.

Par ailleurs, comme l'avaient déjà souligné les

classiques anglais, les mouvements du prix d'un bien particulier peuvent en partie résulter d'un mouvement général d'inflation (ou de déflation) de tous les prix. Enfin, la plupart des biens de consommation ne font pas l'objet d'un *prix librement négocié entre l'acheteur et le vendeur*, parce que la plupart des marchés ne sont pas organisés comme des Bourses, où le prix pourrait être renégocié en permanence et refléter en continu les mouvements de l'offre et de la demande.

Quand vous commandez un café dans un bar, vous ne payez pas le prix librement consenti à l'issue d'une négociation : vous payez le prix qu'on vous demande, un point c'est tout. Et le même café consommé dans une autre ville, ou dans un autre quartier de la même ville, vous coûtera nettement moins cher ou sensiblement plus cher, pour une satisfaction (une utilité) très probablement identique. Il paraît même raisonnable de supposer que c'est le café que vous payez un peu trop cher, par rapport à vos habitudes, qui vous procure le moins de satisfaction, parce que vous avez le sentiment d'être rançonné par un cafetier qui profite exagérément de sa situation. Vous ravalez votre rancœur, parce qu'il n'y a pas d'autre bar meilleur marché à un kilomètre à la ronde, mais vous ne négociez rien. Vous n'auriez pas ce problème si vous viviez dans le monde imaginaire de la théorie néoclassique des marchés concurrentiels. Dans cet univers, en effet, il est possible de lancer des enchères sur le prix du café, avenue des Champs-Élysées à Paris ou sur la Cinquième Avenue à New York, à 4 heures du matin comme à midi.

La fiction de marchés parfaitement concurrentiels – fonctionnant toujours et partout – est nécessaire pour supposer que ce que font les individus et ce qu'ils payent reflètent leur meilleur choix possible et non un abus de pouvoir. Il est nécessaire que chaque individu dispose à tout moment, et en tout lieu, d'une *égale liberté* de mouvement et de négociation, sans quoi, en fait de *choix* et de *valeur*, les échanges et les prix refléteraient plutôt les rapports de forces entre les acteurs du marché.

Mais nous vivons dans un monde réel où l'égale liberté est une pure fiction. Certes, on peut dire, *en un sens particulier*, que tous les consommateurs sont également *libres d'acheter ou de ne pas acheter* les biens disponibles et, en conséquence, considérer qu'en acceptant de payer le prix qu'ils seraient libres de ne pas payer, ils manifestent la valeur qu'ils attribuent à ces biens. Mais c'est là une conception purement formelle et étroite de la liberté qui fait totalement abstraction du niveau et de la répartition des moyens dont disposent les individus pour mettre en œuvre leur droit formel. Prendre les actes constatés des individus pour des choix parfaitement libres, c'est faire l'impasse sur l'inégale capacité des individus à mener leur vie selon leurs souhaits. Cela revient à dire que les chômeurs de longue durée sont *libres* de se suicider pour échapper au chômage, que les pauvres sont *libres* de ne pas acheter de caviar et que, les riches étant par ailleurs *libres* de ne pas inviter les pauvres à leur table, tout le monde baigne dans le bonheur des choix souverains.

On saisit là l'enjeu caché d'une vision marchande

de la valeur. Soutenir que les prix sont le seul reflet du désir des individus revient à considérer qu'ils ont tous des capacités et des contraintes strictement identiques, et donc une égale liberté de choix qui peut s'exprimer dans des négociations et se refléter dans les prix. Dans un monde imaginaire d'égaux, on peut dire que ceux qui ne consomment pas de caviar le font parce qu'ils préfèrent autre chose. Mais dans le monde réel, on ne peut pas dire qu'un chômeur de longue durée reste au chômage parce qu'il *préfère* cela à autre chose… au suicide, par exemple !

Derrière l'assimilation de la valeur des biens aux prix de vente librement négociés se cache ainsi (à peine) la volonté d'occulter les différences de capacité entre les individus et les rapports de forces qui commandent la formation des valeurs. Les premiers classiques anglais avaient bien l'intuition que la valeur intrinsèque des choses risque d'être fort différente de celle qui est dictée par les forces du marché. L'intérêt de leur recherche sur la valeur travail était précisément de faire apparaître l'écart entre une *valeur réelle* fondée sur ce qu'il en coûte aux hommes de produire et une *valeur socialement déterminée*, où l'analyse pourrait déceler les rapports de forces, le rôle des institutions, celui des modes de production. On comprend ainsi pourquoi le courant dominant n'a plus jamais relancé le débat sur la valeur travail, alors même que la poursuite de cette recherche dans la mouvance ricardo-marxienne proposait des solutions aux difficultés techniques soulevées par la théorie ricardienne de la valeur.

Mais le dévoiement de la théorie de la valeur que nous avons ici mis au jour ne peut être indistinctement assimilé à la théorie néoclassique de la valeur. Il n'y avait chez les premiers néoclassiques aucune volonté d'occulter les inégalités et les rapports de forces. Ils s'en inquiétaient même tout particulièrement, et la plupart d'entre eux seraient aujourd'hui considérés comme des « hommes de gauche » très réservés sur les bienfaits du capitalisme. La confusion entre valeur subjective et valeur marchande fut, rappelons-le, une déviation de la nouvelle théorie dominante, reflétant pour partie le souci de « faire science » (qui exigeait de disposer d'une mesure des valeurs) et pour partie un biais idéologique (fermer les yeux sur les inégalités). Mais cette déviation et ses conclusions sont incompatibles avec la définition de la valeur par l'utilité individuelle, définition qui interdit logiquement de réduire la valeur aux seules valeurs marchandes.

Déjà incompatible, donc, avec les prémisses de la théorie néoclassique, la vision marchande de la valeur l'est aussi avec ses développements ultérieurs. En effet, les recherches sur l'équilibre général d'une économie de marché allaient démontrer l'impossibilité de la toute première et plus élémentaire des conditions nécessaires à la confusion entre prix et valeur, à savoir que tout prix reflète un équilibre entre l'offre et la demande. La question de savoir si les prix du marché sont toujours et partout des prix d'équilibre est au cœur du programme de travail néoclassique, qui prendra exactement un siècle (1874-1973/74) pour répondre… que non ! C'est d'ailleurs ce qui va nous autoriser à énoncer notre loi n° 3 : la loi du déséquilibre général.

POST-SCRIPTUM

J'ai découvert les joies du marchandage au Cameroun, où j'effectuais mon service national en coopération au tout début des années 1980. Je devais vite apprendre que, bien souvent, les marchands estimaient davantage les clients qui marchandaient que ceux qui payaient le prix annoncé sans discuter. Car si les hommes entrent en relation pour faire des échanges, il arrive aussi qu'ils procèdent à des échanges pour entrer en relation. Sur le marché de Douala, comme sur les routes où les contrôles de la gendarmerie s'intensifiaient en fin de mois, la palabre avait une valeur en soi, indépendante de son objet initial. Si mon goût naturel pour la palabre m'a permis de passer tous les contrôles de gendarmerie sans sortir un billet, il m'a aussi permis d'expérimenter une loi paradoxale de l'économie. A savoir : dans le marchandage, *le bien prend de la valeur au fur et à mesure que son prix baisse* ! En effet, le plaisir des mots et la chaleur du lien social tissé dans l'échange chargent les biens d'une valeur subjective d'autant plus forte que le marchandage perdure, alors même que celui-ci a pour effet ordinaire de faire baisser le prix. A la limite, les dernières tomates échangées, celles que le marchand dépose gracieusement dans le panier après la clôture de la transaction, sont, pour lui comme pour son client, les plus précieuses.

Devant ce paradoxe économique, je ne pouvais réprimer un réflexe d'économiste cynique. L'énigme apparente du marchandage avait deux solutions évidentes, pensais-je. 1) Le marchand surestimait le prix de départ en sorte de parvenir à son vrai prix d'offre après marchandage. 2) Le cadeau final était un investissement commercial visant à fidéliser le client. Mais pourquoi dépenser tant d'énergie pour un résultat qui serait atteint plus vite et aussi sûrement en annonçant d'emblée le dernier prix comme dans n'importe quel magasin ? Et pourquoi, tout économiste cynique que j'étais, je ne pouvais m'empêcher de trouver un charme particulier à ces échanges ? Il fallait bien se rendre à cette autre évidence : il se passait là autre chose qu'un simple troc de monnaie contre tomates.

Bon ! Mais économiste j'étais, économiste je resterais. Il n'y avait qu'à intégrer dans la transaction sa composante non marchande. Ainsi, toutes mes tomates, même celles qui étaient « cadeau », avaient été payées, mais pour partie seulement en monnaie, et pour le reste en paroles, puisque le marchand éprouvait un plaisir visible à palabrer. Mais surgissait alors une autre difficulté. Comment assimiler un paiement en monnaie, dont la privation me coûtait quelque chose, et un paiement en paroles, qui non seulement ne me coûtait rien mais me procurait un vrai bonheur ? Car notre parole est un drôle de « bien » qui *ne prend de la valeur pour nous-mêmes que lorsque nous le donnons*. Je n'étais donc là qu'au tout début d'une exploration d'une économie du don à laquelle, fort heureusement (je devais le découvrir un peu plus tard), Marcel Mauss et quelques autres esprits brillants avaient déjà contribué. Comme cela n'était manifestement pas si simple et qu'il faisait très chaud sur le marché de Douala, je ne poussai pas alors tellement plus loin mes réflexions.

Mais cela, bien sûr, ne gâchait pas mon plaisir de songer que, dans mon panier de tomates, c'était celles qui étaient « gratuites » qui avaient le plus de « prix ».

Loi n° 3

La loi du déséquilibre général

Quiconque n'a jamais étudié l'économie comprend néanmoins la loi de l'offre et de la demande. Si l'offre d'un bien (par les producteurs) est supérieure à la demande, la concurrence entre les vendeurs pour écouler leur produit devrait faire baisser le prix du marché jusqu'au moment où l'offre serait à nouveau égale à la demande. Si c'est la demande qui est excédentaire, la concurrence entre les acheteurs devrait élever le prix de vente jusqu'à un nouveau prix d'équilibre. Mais ce mécanisme simple fonctionne-t-il vraiment sur tous les marchés ? Assure-t-il un équilibre général ?

La question n'est pas triviale.

Imaginez que des conditions climatiques calamiteuses entraînent une grave pénurie de fruits et légumes. La chute des quantités vendues induira une forte hausse des prix. Certains consommateurs préféreront payer le prix fort et maintenir ou réduire très légèrement leurs achats, quitte à limiter leurs commandes d'autres biens. Certains consommateurs, au contraire, réduiront fortement leurs achats de produits frais et consommeront plus de conserves et de surgelés. Des producteurs dont les récoltes ont été dramatiquement réduites verront leur chiffre d'affaires s'effondrer, malgré la hausse des prix unitaires. Ils devront freiner leur propre consommation, peut-être licencier des ouvriers agricoles ; certains feront faillite et mettront en difficulté leurs créanciers, fournisseurs et salariés. Les travailleurs mis au chômage limiteront drastiquement leurs dépenses... De proche en proche, le choc subi dans le secteur des primeurs aura des effets négatifs dans d'autres secteurs.

Ainsi, le fait que la loi de l'offre et de la demande assure que le prix des tomates est toujours celui qui équilibre l'offre et la demande de tomates ne nous garantit en rien qu'elle réglera aussi de manière optimale et rapidement l'ensemble des déséquilibres qu'un choc sur le prix des tomates peut engendrer dans le reste de l'économie. C'est là toute la différence entre le problème de l'*équilibre partiel* (sur un marché spécifique) et celui de l'*équilibre général* (sur tous les marchés en même temps).

Autrement dit, la question est la suivante : dans une économie où coexistent des millions de produits différents et donc des millions de marchés, et où des millions d'acheteurs et de vendeurs prennent des décisions indépendantes sans aucune procédure centrale de coordination, se peut-il que les échanges débouchent sur autre chose qu'une immense pagaille et le déséquilibre général ? Les millions d'offres et de demandes indépendantes n'ont aucune raison d'être *a priori* compatibles. Et si, par miracle, l'économie connaît un état d'équilibre général, cet état est-il stable ? Existe-t-il des forces susceptibles de ramener vers l'équilibre à la suite d'une perturbation quelconque ?

L'équilibre général walrasien

Léon Walras est le premier à avoir tenté de traiter rigoureusement cette double question de l'*existence* et de la *stabilité* d'un équilibre général. Nous ne pourrons bien évidemment pas développer ici les démonstrations formelles (pour cela nous renvoyons notamment aux excellents ouvrages de Bernard Guerrien [28]). Nous nous concentrerons sur la démarche et sur les résultats de la théorie de l'équilibre général.

Walras s'efforce tout d'abord de démontrer l'existence d'un équilibre général, en posant le problème sous une forme mathématique élémentaire. Il s'agit de savoir si le système d'équations multiples constitué par les équations d'équilibre (offre = demande) a une solution. Les mathématiques enseignent alors qu'une condition nécessaire à l'existence d'une telle solution est de disposer d'autant d'équations que d'inconnues à déterminer. En substance, Walras se contente donc de démontrer que tel est bien le cas dans une économie de marché, pour en déduire l'existence d'un équilibre général. Nous verrons plus loin que cette condition nécessaire n'est toutefois pas suffisante.

28. Bernard Guerrien, *La Théorie néoclassique. Bilan et perspective du modèle d'équilibre général*, Economica, 1989 ; *L'Économie néoclassique*, La Découverte, coll. « Repères », 1989.

Mais restons pour l'instant à l'époque de Walras. Il pense donc avoir démontré mathématiquement que la solution existe. Reste à savoir par quel mécanisme pratique les transactions sur les marchés vont conduire vers cette solution d'équilibre et assurer sa stabilité en cas de perturbation. Walras imagine alors un mécanisme de *tâtonnement* des marchés vers le point d'équilibre. Sur chaque marché, explique-t-il, un commissaire-priseur crie un prix et enregistre l'offre et la demande à ce prix ; si l'offre est supérieure à la demande, il crie un prix plus bas, de façon à stimuler la demande et réduire l'offre ; inversement, si la demande est supérieure à l'offre, il crie un prix plus élevé, pour stimuler l'offre et réduire la demande ; et ainsi de suite jusqu'à l'équilibre parfait entre offre et demande.

Et de conclure : si l'économie est organisée comme un ensemble de marchés concurrentiels, où l'on peut instantanément renégocier les prix jusqu'au moment où l'on trouve le nouveau prix d'équilibre, un équilibre général est possible et susceptible, en cas de choc quelconque, d'être automatiquement rétabli par les forces du marché.

Le théorème d'impossibilité d'un équilibre général

Trop beau et surtout trop simple pour être vrai, hélas. Si Walras a eu le mérite de poser clairement la question de l'équilibre général, il ne l'a pas résolue. En effet, il ne suffit pas qu'existent autant d'équations que d'inconnues pour que le système d'équations du marché ait une solution. Il faut en outre que les fonctions d'offre et de demande aient des formes bien particulières.

Le problème sera donc repris avec toute la rigueur mathématique nécessaire par Kenneth Arrow et Gérard Debreu dans les années 1950. Dans un théorème célèbre, ils vont établir la liste précise des conditions nécessaires à l'existence d'un équilibre général, dont voici l'essentiel : concurrence pure et parfaite (cf. *infra*), existence de marchés complets (pour tous les biens présents, mais aussi tous les biens futurs), dotation de survie distribuée à tous, absence de coûts fixes de production, rendements d'échelle constants ou décroissants (la productivité est stable ou bien diminue quand on augmente la taille des capacités de production).

La condition « concurrence pure et parfaite » mérite quelques précisions parce qu'elle est en fait le nom donné à un ensemble de cinq conditions.

1) Transparence : l'information de tous les acteurs du marché est parfaite, immédiate et sans coût.

2) Atomicité : il existe un nombre d'acteurs assez grand pour qu'aucun ne dispose d'un poids suffisant pour influencer les conditions du marché (chaque acteur n'est qu'un « atome » insignifiant).

3) Homogénéité des produits : tous les biens qui satisfont un besoin particulier sont considérés comme identiques par les acheteurs, quelles que soient leur origine et l'identité du producteur. En clair : Volkswagen ne peut pas convaincre les consommateurs que la Golf est un produit différent de la 307 de Peugeot.

4) Parfaite mobilité des facteurs : le travail et le capital peuvent se déplacer instantanément et sans coût d'une activité à une autre, d'un lieu à un autre.

5) Libre accès au marché.

La seule énumération des conditions d'Arrow et Debreu suffit à conclure que, de toute évidence, l'équilibre général n'a aucune espèce de chance d'exister en réalité. Aucune économie réelle ne peut réunir toutes ces conditions. Dans le monde réel, la concurrence est imparfaite, les marchés futurs sont très rares ; les rendements d'échelle peuvent être croissants ; l'absence de coûts fixes est une pure fiction et la perfection de l'information une pure chimère ; les biens ne sont pas parfaitement homogènes, notamment parce que les entreprises parviennent à différencier leurs produits ; il n'existe aucune manne céleste qui garantisse à tous des moyens de subsistance quand ils ne perçoivent plus aucun revenu, etc.

L'idée d'équilibre général est donc un simple jeu de l'esprit. Soit ! Mais si un équilibre parfait et simultané de tous les marchés est impossible, ne reste-t-il pas néanmoins exact que la libre négociation des prix permet cependant de tendre vers un équilibre entre les offres et les demandes et de résorber d'éventuels déséquilibres ? Las ! Le deuxième volet de la théorie walrasienne – le tâtonnement – ne résiste pas davantage à la critique keynésienne et aux développements ultérieurs de la théorie néoclassique elle-même.

Le coup de grâce

Keynes, tout d'abord (1936), a contesté les vertus équilibrantes de la flexibilité des prix et des salaires. La relecture pénétrante de sa *Théorie générale de l'emploi, de l'intérêt et de la monnaie* par R. W. Clower (1965) et A. Leijonhufvud (1970) a mis en évidence une critique pertinente du tâtonnement walrasien. Ce mécanisme suppose tout d'abord de centraliser sur un même lieu ou réseau tous les offreurs et tous les demandeurs d'un même bien. Il suppose aussi que soit respectée la clause d'Edgeworth (1845-1926) : durant le processus de tâtonnement vers un nouveau prix d'équilibre, aucune transaction ne doit avoir lieu avant la fixation des prix d'équilibre.

Dans l'économie réelle, hormis sur quelques Bourses, le commissaire-priseur de Walras (ou son équivalent) n'existe pas. Par conséquent, quand les conditions changent sur un marché, on ne peut pas arrêter les échanges pour réunir tous les acheteurs et tous les vendeurs, et renégocier un nouveau prix d'équilibre ; les transactions continuent à des prix de déséquilibre. Faute de connaître le nouveau prix d'équilibre, la plupart des acteurs confrontés à des variations de l'offre ou de la demande réagissent à court terme en ajustant les quantités aux prix existants.

Ainsi, des entreprises confrontées à un recul inattendu de leur demande réduisent leur production et l'emploi au lieu de baisser les prix ; elles transmettent ainsi le déséquilibre du marché des biens vers le marché du travail ; les travailleurs qui perdent leur emploi et ceux dont les salaires baissent freinent leur consommation et aggravent ainsi le déséquilibre sur le marché des biens, etc. En l'absence de procédure automatique et rapide de rétablissement des prix d'équilibre, un déséquilibre initial sur un marché peut ainsi dégénérer en déséquilibre général et aggravé sur tous les marchés.

Ce sont finalement les prolongements mêmes de la théorie de l'équilibre général qui lui porteront le coup de grâce. Dans des travaux indépendants, trois auteurs, H. Sonnenschein (1973), R. Mantel (1974) et G. Debreu (1974), ont cherché à savoir si une économie respectant toutes les conditions nécessaires à l'existence d'un équilibre général (les conditions d'Arrow-Debreu) retournerait spontanément à l'équilibre, à la suite d'un choc quelconque, grâce à la flexibilité des prix. Pour faire simple, ils démontrent que l'on n'en sait strictement rien ! La divergence loin de tout équilibre est aussi plausible que la convergence vers un nouvel équilibre.

Voilà comment un siècle de travaux d'une rare sophistication formelle, en cherchant à démontrer mathématiquement la propension naturelle d'une économie de marché à l'équilibre, a finalement établi que cette démonstration était impossible !

Que d'énergie inutilement investie dans une impasse que de nombreux auteurs avaient déjà clairement dénoncée dès les années 1930 ! Il y eut, bien sûr, la critique de Keynes déjà évoquée plus haut. Mais d'autres auteurs montrèrent aussi que l'introduction du temps dans l'analyse du marché ruinait la thèse d'un équilibre automatique et garanti[29]. Il suffit en effet que la demande et l'offre aient des temps de réaction différents à un choc quelconque pour qu'un marché parfaitement concurrentiel mette un temps fou à retrouver l'équilibre, voire s'en éloigne toujours plus. Signalons enfin une critique radicale venue de la branche autrichienne de l'école néoclassique, sous la plume de Hayek (cf. « Loi n° 1 », note 8). Dès la fin des années 1940, ce dernier a en effet démontré comment l'imperfection de l'information disqualifiait la théorie walrasienne de l'équilibre général.

Dans un monde caractérisé par l'imperfection radicale de l'information, il est en effet insensé de traiter le fonctionnement des marchés comme la solution d'une équation qu'un ordinateur trouverait en quelques nanosecondes, si seulement on pouvait lui fournir toutes les données nécessaires. Les marchés réels ne sont pas des équations d'offre et de demande ; ils sont constitués par des conventions, des lois, des institutions, qui tentent d'organiser la révélation et la circulation des informations nécessaires aux échanges. Tout l'intérêt d'une économie de marché, et parfois sa supériorité sur d'autres modes d'organisation, n'est pas de tendre vers un modèle abstrait qui n'a aucune espèce de chance d'exister dans la réalité. Il est paradoxalement d'être une réponse adaptée à l'imperfection des marchés !

Parfois adaptée, mais pas toujours, comme nous allons à présent le démontrer.

29. Pour une étude complète et lumineuse de l'incompatibilité entre la prise en compte du temps et la théorie de l'équilibre général, voir Jacques Sapir, *Les Trous noirs de la science économique*, Albin Michel, 2001.

Loi n° 4

Le marché ne fait pas le bonheur

Nous abordons ici ce qui constitue assurément le cœur des croyances de l'opinion contemporaine à propos des « lois de l'économie », à savoir que ces dernières démontrent scientifiquement qu'une économie de marché est le plus efficace des systèmes économiques. Historiquement, cette démonstration correspond au deuxième volet du programme de travail néoclassique initial, c'est-à-dire après l'existence de l'équilibre général : les bienfaits de l'équilibre général. Il s'agit de démontrer qu'un ensemble de marchés parfaitement concurrentiels assure une allocation optimale des ressources.

Les deux théorèmes de l'économie du bien-être

Le point de départ d'une telle entreprise consiste nécessairement à choisir un critère de référence pour définir ce qui constitue un usage optimal des ressources. L'économie orthodoxe retiendra le critère proposé par Vilfredo Pareto au tout début de ce siècle : une situation est optimale, au sens de Pareto, quand il n'est plus possible d'améliorer le bien-être d'un individu sans détériorer celui d'au moins un autre. Pour écarter d'emblée tout faux procès, il importe de souligner que ce critère ne prétend nullement définir un optimum social. Il s'agit d'un simple critère d'efficacité, cette dernière étant elle-même comprise comme une absence de gaspillage des ressources. Dans toute situation où l'on peut encore améliorer le bien-être de quiconque sans modifier celui des autres, il est manifeste que les ressources disponibles sont sous-employées. Le critère de Pareto effectue un premier tri dans le champ des choix possibles : il élimine les choix qui gaspillent les ressources et laisse un sous-ensemble de choix également efficaces, mais entraînant une répartition différente du bien-être entre les individus. Ce critère semble ainsi dessiner un partage des tâches commode entre l'économie et la politique : aux économistes la tâche d'effectuer le premier tri, aux responsables politiques la mission de choisir parmi les solutions efficaces celle qui correspond à la distribution équitable du bien-être.

Les économistes ont donc tenté de s'acquitter de leur mission ainsi définie. Durant la première moitié de ce siècle, diverses contributions (de K. Arrow, M. Allais, W. Baumol, notamment) ont formellement démontré ce qu'il est convenu d'appeler les « deux théorèmes de l'économie du bien-être ». Le premier théorème énonce qu'un équilibre général de marchés parfaitement concurrentiels assure une allocation des ressources optimales au sens de Pareto ; le second démontre qu'à n'importe quelle situation optimale au sens de Pareto on peut faire correspondre un équilibre général de marchés concurrentiels.

Si la portée du premier théorème est évidente, celle du second mérite sans doute d'être clarifiée. L'intérêt de ce dernier est tout simplement de garantir l'indépendance des problèmes d'efficacité et des problèmes de justice sociale. Les choix politiques peuvent s'exprimer pour n'importe quel degré d'inégalité ou d'égalité dans la société, sans que cela affecte l'adhésion à l'économie de marché qui produit seulement un bienfait universel et politiquement neutre : l'efficacité. Un système de marchés concurrentiels peut ainsi apparaître comme un bien en soi, dont la supériorité dans la gestion des ressources a la force d'un théorème mathématique, indépendant de toute préférence morale ou idéologique.

Les défaillances du marché

Pourtant, la littérature économique a consacré plus d'encre et de temps à la contestation de ces théorèmes qu'à leur établissement, si bien que, contrairement à l'une des idées reçues les plus répandues sur les résultats de la science économique, la véritable théorie orthodoxe a en réalité clairement établi que les mécanismes de la libre concurrence sont incapables d'assurer un usage efficient des ressources.

Le premier défaut des marchés parfaitement concurrentiels est tout simplement de ne pas exister (cf. « Loi n° 3 »). Et pour seulement s'approcher de conditions favorables au bon fonctionnement de la concurrence, un ensemble de règles strictes et d'organismes de contrôle est nécessaire, afin de garantir l'exécution des contrats, le règlement des litiges, la sécurité des biens et des personnes, etc. En somme, la libre concurrence ne produit pas un marché concurrentiel mais la jungle et la guerre économique. Seule la concurrence régulée produit le marché concurrentiel, qui apparaît ainsi théoriquement et historiquement comme une institution sociale et étroitement dépendante de l'efficacité du droit et de la justice, en un mot de l'État.

La théorie microéconomique est par ailleurs particulièrement abondante sur les entraves à la concurrence qui naissent du libre jeu de la concurrence elle-même (barrières à l'entrée, position dominante, monopoles naturels, etc.). Mais ce sont surtout les deux concepts complémentaires de *bien public* et d'*externalité* qui, depuis maintenant plus de cinquante ans, apportent un fondement microéconomique à la régulation politique du marché. Dès l'*Essai sur la nature et les causes de la richesse des nations* (1776) d'Adam Smith apparaît l'intuition que certains biens font partie des « devoirs du prince », en raison d'un élément de consommation collective et des difficultés à leur assurer un financement privé. Dans le livre IV, Adam Smith range ainsi parmi les devoirs de l'État la défense nationale, la justice, les infrastructures de communication (routes, ponts, canaux, ports) et l'instruction du peuple.

Il faudra toutefois attendre les années 1940 (avec A. Bowen et W. Baumol notamment), puis la définition de Paul Anthony Samuelson (1954) pour que se constitue une véritable théorie des biens publics. Depuis lors, on s'entend pour considérer comme bien public pur (ou service collectif pur) un bien « non rival » et « non exclusif ». « Non rival » indique une consommation collective par une population donnée, sans que la consommation de l'un altère la consommation de l'autre. Le terme « non exclusif » signifie quant à lui qu'il est impossible ou économiquement non rationnel d'exclure les usagers qui refusent de payer l'accès au bien.

La projection d'un film au cinéma est ainsi un bien public impur ou bien mixte (non rival, mais exclusif). C'est un bien non rival : tant que la salle n'est pas comble et que les spectateurs ne couvrent pas la bande-son en fouillant rageusement leurs sacs de pop-corn, la consommation du film par les uns ne retire rien à la satisfaction des autres. Mais c'est un bien exclusif : il est aisé de réserver l'entrée des salles de projection aux seuls titulaires d'un billet. Des entreprises privées peuvent donc assurer sans difficulté la gestion de salles de cinéma.

En revanche, la défense nationale, la justice, l'éclairage public, etc., constituent des biens publics purs. La consommation est collective, par l'ensemble des membres de la communauté nationale. Chacun jouit de ces biens du seul fait de son appartenance à la communauté. Si une entreprise privée sollicitait le paiement volontaire des bénéficiaires de son service de défense nationale, la plupart des usagers ne lui répondraient même pas, ou répondraient qu'étant pacifistes ils n'ont aucune intention de payer pour des chars d'assaut. L'entreprise ne peut en effet contraindre à l'exil les usagers qui ne sont pas disposés à payer et savent donc pouvoir bénéficier gratuitement du service, une fois qu'il sera produit. Le résultat est bien évidemment qu'aucune entreprise n'offre ce service et qu'il ne sera donc pas produit spontanément par des acteurs en quête de profits.

En présence de biens publics purs, le marché concurrentiel paraît donc déficient, parce que, en dépit de l'utilité individuelle et sociale élevée de ces biens, des vendeurs privés ne pourraient obtenir leur financement. Pour surmonter ce problème des « passagers clandestins » qui préfèrent jouir gratuitement des services collectifs, une autorité publique dotée du pouvoir de lever l'impôt est nécessaire.

Mais l'échec du marché ne se cantonne pas aux seuls biens publics purs. Le marché est aussi pris en défaut dans la production de biens publics mixtes (éducation) ou de biens privés (santé) en raison des externalités qui leur sont associées. On entend par « externalité » (ou « effet externe ») l'effet que la décision d'un individu a sur le bien-être des autres, sans que cette interdépendance puisse être correctement intégrée dans son calcul économique. On parle aussi d'« économie externe » quand l'effet en question est positif, et de « déséconomie externe » quand il est négatif. Par exemple, les investissements des particuliers dans leur éducation et celle de leurs enfants ont bien évidemment des effets externes positifs sur la collectivité (meilleure productivité, croissance plus forte...), mais, en l'absence d'incitations explicites prévues à cet effet, ils n'en tiennent pas compte dans leurs choix. La même indifférence naturelle aux effets externes prévaut, hélas, quand ces derniers sont négatifs (nuisances, pollution).

Dès 1920, Arthur Cecil Pigou a montré la défaillance du marché dans de tels cas de figure : les individus font leurs choix de production et de consommation en tenant compte du coût privé et de l'avantage privé (pour eux seuls), et non du coût social et de l'avantage social (qui comprennent l'effet privé plus l'effet externe). En conséquence, il y aura sous-production des biens à externalités positives par rapport à l'optimum collectif. Par exemple, les jeunes poursuivront leurs études moins longtemps qu'il serait souhaitable du point de vue de la collectivité. Les dépenses de santé des ménages modestes seront nettement insuffisantes pour la société qui souhaite éviter l'extension des maladies infectieuses et disposer d'une main-d'œuvre en bonne santé. En revanche, il y aura bien évidemment surproduction des nuisances et des atteintes à l'environnement. On ne peut ici s'en remettre à la seule vertu des individus, qui, quoiqu'ils n'en tirent aucun profit personnel, tiennent compte dans leur calcul des effets positifs ou négatifs qu'ils ont sur la collectivité. D'une part, il n'est, hélas, pas raisonnable de supposer qu'un tel comportement altruiste soit spontanément le plus fréquent. D'autre part, même les altruistes peuvent parfois être dissuadés de se comporter en altruistes, si cela n'a aucun effet positif notable sur la collectivité. Celui qui décide seul de ne plus tirer sur l'ennemi, en espérant arrêter la guerre, réussira uniquement à se faire tuer ou à mettre en danger les autres soldats de sa troupe.

L'entreprise qui investit lourdement pour limiter ses émissions de CO_2, tandis que les autres n'en font rien, risque seulement d'être moins compétitive que ses concurrents (en raison de coûts plus élevés) et d'être éliminée du marché. Ainsi, rares sont ceux qui ont vraiment envie d'être les « bonnes poires » qui paient pour les autres. En outre, les « bonnes poires » le seront en pure perte, du point de vue de l'intérêt général, s'il n'existe aucune institution capable d'imposer la généralisation des comportements vertueux.

A la suite de Pigou, les économistes considèrent habituellement que l'État peut et doit promouvoir cette généralisation. Il peut le faire en imposant des règles communes (vaccination obligatoire, scolarité obligatoire, normes de production limitant les nuisances, etc.). Il peut aussi chercher à « internaliser » les effets externes, c'est-à-dire inciter les décideurs privés à intégrer les effets externes dans leur calcul économique. Cette internalisation est opérée par des subventions qui abaissent le coût privé des actions bénéfiques pour la collectivité (remboursement des dépenses de santé, école gratuite, etc.), et par des taxes qui élèvent le coût de production des nuisances (principe du pollueur-payeur).

Et s'il n'y avait que des biens publics ?

De tout ce qui précède les économistes ont d'abord assez largement déduit ce que j'appellerai la « doctrine du domaine réservé » : il existe, d'une part, des biens privés qui pour l'essentiel relèvent d'une gestion privée et, d'autre part, des biens publics purs qui nécessitent une intervention de l'État. L'économie de marché resterait le meilleur système, à condition d'être complétée par un *État minimal* qui se contenterait d'intervenir dans les seuls cas spécifiques où le marché est inefficient.

Hélas, ce serait trop simple. Cette vision dichotomique – qui isole une sphère d'excellence privée et une sphère d'excellence publique indépendantes – ne tient pas pour plusieurs raisons. Tout d'abord, le fait que le marché soit défaillant dans certains cas n'implique pas que la gestion publique soit automatiquement préférable : nous n'insistons pas ici sur ce point, qui retiendra toute notre attention à propos de la loi n° 5.

Par ailleurs, en 1956, Kelvin Lancaster et Richard Lipsey ont établi le « théorème de l'optimum de second rang » : *si les conditions nécessaires à l'optimum de Pareto ne sont pas réunies dans un secteur de production, alors ces conditions ne permettent plus d'atteindre l'optimum dans les autres secteurs.* Pourquoi cela ? Parce que, dès l'instant où l'intervention de l'État est absolument nécessaire pour certains biens publics, cela entraîne des dépenses publiques, des impôts, qui modifient les décisions de tous les acteurs, par rapport à celles qu'ils auraient prises dans une économie régie seulement par des marchés concurrentiels. Lancaster et Lipsey démontrent que ces distorsions dans les choix privés interdisent aux mécanismes de la concurrence pure et parfaite de garantir une allocation efficace des ressources. Autrement dit, les conditions de la concurrence parfaite n'assurent l'optimum que si la totalité des activités humaines peuvent être efficacement régies par elles ! Mais *si elles ne peuvent être respectées partout, alors il vaut mieux qu'elles ne soient respectées nulle part* !

Nous suggérons une raison encore plus radicale de contester la doctrine du domaine réservé. Même si l'on admet la plus grande efficacité du marché (au sens de Pareto) dans la gestion des biens privés, ces derniers ne pourraient être livrés aux seules lois du marché que si le deuxième théorème de l'économie du bien-être était pleinement vérifié, c'est-à-dire si la question de la justice était totalement indépendante de la question de l'efficacité. Or, précisément, il n'en est rien.

La théorie néoclassique a pu établir ce second théorème parce que les acteurs qu'elle prend en compte ne sont pas des hommes réels, mais seulement des centres abstraits de décision n'ayant entre eux aucune espèce de relation humaine autre que des échanges de biens et de monnaie. Si l'on raisonne en prenant en compte la réalité humaine la plus banale, il est aisé de montrer qu'il est impossible de séparer les questions de justice et les questions d'efficacité. En effet, toute décision apparemment prise au nom du seul souci d'efficacité pose un problème de justice, dès l'instant où elle modifie le bien-être d'au moins un individu, et cela même si elle ne modifie pas la situation des autres individus. Les autres peuvent en effet être jaloux, ou considérer qu'ils devaient être prioritaires pour une amélioration du bien-être.

On découvre ici une limite majeure du critère d'efficacité des économistes. Dans la mesure où toute action est susceptible d'engendrer pour certains le sentiment d'être gagnant ou d'être perdant, toutes les situations sont optimales au sens de Pareto : on ne peut jamais rien changer sans détériorer le bien-être d'au moins un individu. Le critère de Pareto n'effectue donc aucun tri préalable dans le champ des choix possibles. Tous les choix privés peuvent soulever de manière plus ou moins aiguë la question de la juste répartition du bien-être. Les responsables politiques ne peuvent donc s'en désintéresser, parce que seuls des choix collectifs peuvent trancher la question de la justice. Cette conclusion est renforcée par l'expérience historique, qui indique assez clairement que plus le marché est livré à lui-même, plus il engendre des inégalités et des conflits de répartition des richesses.

Enfin, si le marché est plus efficient que l'État dans la production des biens marchands, c'est précisément parce que la concurrence érige la productivité et la rentabilité en critères absolus d'évaluation des performances et tend donc, par définition, à privilégier ces critères au détriment de toutes les autres valeurs et préoccupations des hommes (paix, justice, dignité des personnes, préservation de l'environnement, etc.). Aussi, tant en raison de leur incidence sur la répartition du bien-être qu'en raison des effets externes associés à la production des biens privés, ces derniers demeurent en fait toujours dans le champ d'intervention légitime des choix publics.

Ainsi, la théorie économique a certainement réussi à démontrer la nécessité d'une intervention de l'État pour produire un certain nombre de biens publics ; mais elle ne démontre en rien la nécessité de restreindre cette intervention à ces seuls domaines.

Loi n° 5

L'État ne fait pas le bonheur

Le marché ne fait pas le bonheur. Mais l'État non plus ! Et, pour commencer, le marché a beau avoir tous les défauts du monde, cela n'enlève rien à sa supériorité habituelle sur la production publique et la planification dans au moins un domaine : la production et la distribution des biens privés.

L'inefficacité radicale d'une économie planifiée a été suffisamment illustrée par les échecs cumulés des anciens pays communistes pour nous éviter ici de longs développements à ce sujet. Les sources de cette contre-performance par rapport aux pays capitalistes tiennent en deux mots : incitation et information. La liberté d'entreprendre et les perspectives de profits privés ont en effet au moins le mérite de créer une incitation permanente à l'innovation et à l'efficacité productive. L'expérience indique que la peur de l'autorité et la motivation idéologique ne constituent pas des incitations suffisantes pour remplacer l'appât du gain personnel. De plus, si la planification publique contrarie largement la recherche de l'intérêt privé par les citoyens ordinaires, elle laisse en revanche aux planificateurs le loisir d'orienter le plan en fonction de n'importe quel objectif politique personnel et au détriment de l'intérêt général.

Marché et État : à chacun son domaine d'excellence ?

En outre, même les planificateurs les mieux intentionnés ne peuvent jamais accéder à temps aux milliards d'informations nécessaires pour évaluer les millions de produits que des millions de personnes souhaitent acheter ou peuvent produire ; ils ne peuvent deviner le prix qui équilibrera l'offre et la demande sur des millions de marchés. Dès lors, la planification centralisée des productions entraîne fréquemment de gigantesques pénuries pour certains biens et l'accumulation de stocks inutiles pour d'autres.

L'avantage d'un marché qui permet la production décentralisée et la renégociation permanente des contrats est de constituer un réseau dense et complet de circulation de l'information en continu. La libre fluctuation des prix (reflétant l'écart entre les offres et les demandes) et la liberté d'entreprendre permettent aux producteurs de s'adapter en permanence à chaque nouveau signal envoyé par le marché. Certes, le marché est loin d'assurer cette fonction parfaitement (nous l'avons suffisamment montré dans les deux chapitres précédents). Mais là où le marché est myope, l'État est aveugle. Et comme l'a si justement montré Hayek, c'est précisément l'impossibilité d'avoir un marché parfait (conforme à la théorie néoclassique) qui fait l'éventuelle supériorité des marchés concrets. Si les conditions de la concurrence pure et parfaite pouvaient être réunies, la planification centrale serait en vérité plus efficace que le marché : plutôt que de négocier, il serait en effet plus rapide de traiter l'information parfaite dans des super-calculateurs qui ordonneraient les bonnes décisions quotidiennes à tous les producteurs et fixeraient les prix d'équilibre.

Aussi les économistes ont-ils, le plus souvent, conclu à la supériorité du marché sur l'État pour la gestion des biens privés. En revanche, comme par symétrie, ils ont d'abord raisonné comme si les défaillances du marché en matière de biens publics qualifiaient automatiquement l'État comme l'instrument idéal de gestion ou de régulation. A condition, bien sûr, que l'État suive les prescriptions de la science économique dans la gestion des biens publics.

Deux ouvrages classiques [30], celui de Jan Tinbergen (1956) et celui de Richard Musgrave (1959), illustrent bien cette belle confiance initiale dans les vertus de l'action publique : ils prétendent que les outils de l'analyse économique permettent de construire une théorie normative des politiques publiques ; quand le marché est incapable d'assurer au mieux le bien-être collectif, l'État pourrait mener les « bonnes » politiques pour compenser cette défaillance du marché. Mais cette démarche reposait sur trois postulats implicites que diverses branches de la théorie écono-

30. Jan Tinbergen, *Techniques de la politique économique* (1956), Dunod, 1961 ; Richard Musgrave, *The Theory of Public Finance* (1959), 2e éd., McGraw-Hill, 1976.

mique allaient remettre sérieusement en question : 1) l'État est capable de déterminer des choix collectifs précis et cohérents qui correspondent au bien-être collectif ; 2) là où le marché ne produit pas une allocation optimale des ressources, l'État est nécessairement plus performant que le marché ; 3) les décideurs publics recherchent toujours et uniquement le bien-être collectif.

La réflexion sur le premier postulat a inspiré la plus volumineuse production de littérature économique de ce siècle, pour se solder par une succession d'impasses parfois pudiquement qualifiées de « théorèmes d'impossibilité ». Ces travaux, qu'il est impossible de résumer ici [31], imposent au moins deux conclusions. Tout d'abord, des méthodes parfaitement démocratiques ne permettent pas de déterminer, à partir des préférences individuelles des citoyens, des préférences collectives dont on pourrait affirmer qu'elles correspondent à un optimum social. En conséquence, comme le soupçonnait Tinbergen dès 1952, la seule conception du bien-être social que des politiques publiques peuvent effectivement réaliser est la conception personnelle des décideurs. Il est dès lors essentiel de s'interroger sur la capacité de ces derniers à mettre en œuvre efficacement cette conception, et sur les motivations réelles, et non idéalisées, de l'action publique.

31. Les principaux textes fondateurs de tous les auteurs évoqués dans ce chapitre sont traduits et commentés *in* Jacques Généreux, *L'Économie politique. Analyse économique des choix publics et de la vie politique*, Larousse, 1996.

Le théorème de Coase : l'analyse coût-bénéfice

Cela nous conduit à l'examen du deuxième postulat. Le fait que le marché soit impuissant à garantir une allocation efficace des ressources dans un certain nombre de cas (externalités, services collectifs purs) implique-t-il *de facto* qu'une gestion publique sera plus performante ? Bien évidemment non, finiront par répondre les économistes, à la suite d'une révolution méthodologique introduite en douceur par Ronald Coase (1931 et 1960).

Pour ce dernier, il n'existe pas de domaine réservé *a priori* à un mode quelconque de gestion des ressources. L'idée fondamentale est que des individus rationnels ne se contenteront pas d'une situation où une amélioration du bien-être collectif est encore possible, à l'issue de leurs choix spontanés et non coordonnés. S'ils constatent un écart entre le résultat spontané et l'optimum collectif, ils s'efforceront de négocier des accords mutuellement avantageux pour s'approcher de l'optimum, du moins tant que les coûts de transaction (coûts de négociation et contrôle de leurs accords) sont inférieurs au bénéfice attendu.

Quand les coûts de transaction liés au nombre de contractants et/ou à la difficulté d'apprécier objectivement les contributions des uns et des autres sont trop élevés, il peut être préférable de recourir à une institution qui impose des choix par l'autorité. L'entreprise est ainsi une institution qui remplace des transactions entre des facteurs de production indépendants (ouvriers artisans, gestionnaires, détenteurs de capitaux) par une relation hiérarchique qui permet de les mobiliser plus efficacement. L'association ou la coopérative sont aussi des institutions qui substituent une action coordonnée à de simples transactions ou coopérations bilatérales entre les individus. L'État, enfin, est une institution qui permet de conclure les accords mutuellement avantageux que les autres institutions (les entreprises, les coopératives, les syndicats…) et les individus ne parviennent pas à conclure ou à appliquer en raison de coûts de transaction trop élevés.

On peut généraliser cette approche et énoncer un « théorème de Coase[32] » dans les termes suivants. En présence d'une imperfection quelconque qui écarte un processus de production ou d'échange de l'optimum de Pareto, et si les coûts de transaction sont nuls, les individus rationnels négocieront de nouveaux accords de façon à restaurer cet optimum. Si les coûts de transaction rendent cette dernière solution impossible – ou plus coûteuse que les bénéfices qu'elle produirait –, les individus rationnels auront recours à des institutions qui substitueront aux échanges spontanés des processus organisés et régulés, en sélectionnant la ou les institutions qui présentent le rapport coût/avantage le plus favorable.

C'est le néoclassique américain George Stigler qui a le premier proposé d'appeler « théorème de Coase » les conclusions qu'il tirait de la lecture de l'article de

32. L'expression est du néoclassique américain George Stigler; cf. *infra*.

Ronald Coase « The problem of social cost[33] », en 1960. En bon libéral, Stigler exploite naturellement le théorème en question pour suggérer que l'intervention de l'État n'est pas nécessaire, même en présence d'externalités, parce que des agents rationnels sont capables de rétablir l'optimum par la libre négociation. Cette lecture quelque peu biaisée détourne l'attention de l'apport majeur de Coase, qui est de montrer la nécessité d'*institutions* adaptées à la résolution des problèmes liés aux interactions sociales engendrées par la production et les échanges. Ainsi, même le « marché » et l'entreprise privée, si chers à Stigler, sont des institutions de régulation de la production parmi d'autres, et non ce havre de liberté absolue auquel s'opposerait le dirigisme des institutions publiques. A la limite, même le rejet de toute forme d'organisation des échanges est une « institution » au sens large. Il peut en effet être considéré comme le meilleur « arrangement » trouvé par une communauté donnée, après l'analyse des coûts et des avantages attachés aux diverses solutions possibles.

Cette démarche implique une vision pragmatique et évolutive du rapport entre l'État, l'entreprise, le marché, etc. La défaillance d'une institution particulière ne préjuge en rien de la supériorité d'une autre. En clair, la défaillance du marché n'implique pas automatiquement qu'une solution étatique soit préférable. En effet, le passage d'une gestion privée défaillante à une gestion publique entraîne de nouvelles charges fiscales ou sociales, et de nouveaux gaspillages

33. *Journal of Law and Economics*, vol. 3, octobre 1960.

favorisés par la disparition de la concurrence. En sens inverse, le retour à une gestion privée provoque d'autres gaspillages et injustices provoqués par la négligence des effets externes et de l'intérêt général. Chaque cas appelle donc une analyse coûts/ avantages la plus complète possible. Et ce bilan comporte nécessairement bien des éléments subjectifs (valeurs, finalités de la communauté, hiérarchie des objectifs, etc.) dont la comparaison ne peut être effectuée en dehors d'un processus démocratique de choix politique.

Par ailleurs, le théorème de Coase ne fige rien, il n'admet aucune fin de l'Histoire qui verrait s'imposer définitivement une solution particulière. Au fil du temps, l'évolution des technologies et des coûts de transaction peut tout autant justifier le transfert d'activités privées vers la sphère publique, un transfert en sens inverse, ou encore des solutions mixtes combinant les contributions d'entreprises privées ou publiques, d'associations, d'administrations, de marchés, de coopératives, etc.

La démocratie de marché

Reste enfin notre troisième postulat. Quand bien même le gouvernement serait en mesure d'identifier le bien-être collectif et disposerait des moyens d'être plus performant que d'autres institutions ou mécanismes pour l'atteindre, peut-on supposer qu'il mobiliserait toujours au mieux ces moyens, parce qu'il n'aurait pas d'autres objectifs que la poursuite du bien-être collectif ?

A partir de l'analyse de Joseph Schumpeter (en 1942), l'économie des choix publics va voir dans une telle supposition une vision angélique et intenable de l'action politique. Contrairement à la définition idéaliste de la doctrine classique, la démocratie effectivement pratiquée dans le monde n'est pas le *gouvernement du peuple par le peuple et pour le peuple*, explique Schumpeter; elle est un processus dans lequel *le peuple choisit un gouvernement à l'issue d'une libre compétition pour des bulletins de vote*. Dès lors, quelle que soit l'étendue des éventuelles motivations altruistes de nos responsables politiques, la pression permanente de la concurrence sur le marché politique (le marché des bulletins de vote) les contraint à se comporter *comme si* leur objectif prioritaire était le succès électoral.

Si les citoyens étaient parfaitement informés et en mesure d'évaluer en toute rigueur l'ensemble des politiques publiques, on pourrait croire qu'une sorte de main invisible du marché politique contraint des élus et des gouvernants parfaitement égoïstes à prendre des décisions conformes à l'intérêt du plus grand nombre. Mais, en réalité, les citoyens sont plus ou moins ignorants, dès lors que le débat public porte sur autre chose que les sujets qui les concernent le plus directement ou qui entrent dans leur domaine de compétence professionnelle. Cette ignorance, qui est présentée comme une forme d'irrationalité par Schumpeter, devient un comportement rationnel dans la première *Analyse économique de la démocratie* proposée par Anthony Downs (1957) : acquérir une information de qualité sur l'ensemble des questions politiques exigerait des citoyens un investissement colossal, et sans la moindre rentabilité, puisque leur unique voix n'a aucune chance d'influencer significativement les politiques effectivement menées. En conséquence de cette ignorance, les citoyens peuvent demander n'importe quelle politique, la pire comme la meilleure, et ils peuvent être manipulés par la propagande.

D'autres travaux viendront compléter l'acte d'accusation des États démocratiques. En 1965, dans *La Logique de l'action collective*, Mancur Olson montre comment des petits groupes de pression peuvent détourner l'action publique au profit d'intérêts catégoriels étroits et au détriment d'autres groupes de citoyens bien plus larges. En 1970, William Niskanen explique que les bureaucraties peuvent acquérir un certain pouvoir autonome par rapport au gouvernement et organiser à leur profit un gaspillage des deniers publics.

Dans *Une raison d'espérer* (Pocket, 2000), nous avons démonté les mécanismes de l'*horreur politique*, c'est-à-dire la façon dont les stratégies électorales à courte vue peuvent engendrer l'horreur sociale que d'aucuns expliquent trop vite par un complot des seuls capitalistes ou des marchés financiers.

Le lecteur risque ici de s'insurger en pensant qu'une telle avalanche de reproches à l'égard de la démocratie fait le jeu des non-démocrates. Mais il serait en cela victime d'un contresens. De même que les parents peuvent critiquer le comportement de leurs enfants parce qu'ils les aiment et en vue d'améliorer leur comportement, la défense de la démocratie passe par une critique sans concession des dysfonctionnements des régimes politiques concrets que l'on nous présente à tort comme démocratiques.

Certes, il faut bien reconnaître que la plupart des critiques de la démocratie développées par des économistes l'ont été dans une optique libérale ou ultralibérale qui recommande de réduire autant que faire se peut le champ d'action des gouvernements (et donc l'étendue de la souveraineté des citoyens)[34]. Mais c'est là un biais idéologique particulier, et non une conséquence logique incontournable des travaux évoqués ci-dessus. Ces travaux peuvent tout autant inspirer un effort d'innovation institutionnelle en vue d'établir le système d'incitation des décideurs, les modalités d'évaluation et de contrôle de l'action publique, et les sanctions de la responsabilité politique qui induiront des politiques plus conformes à l'intérêt général[35].

De notre point de vue, donc, ce que montre, indirectement et parfois à son corps défendant, l'analyse économique de la vie politique, c'est la nécessité d'une vraie démocratie de citoyens qui n'aurait pas grand-chose à voir avec la démocratie de marché aux voix que nous connaissons en réalité. Comprendre

34. C'est en particulier le cas de l'école des « choix publics » à ses origines, ou encore de l'école de Virginie, initiée notamment par James Buchanan et Gordon Tullock, dans les années 1960.

35. Nous avons abordé cette démarche dans *Droite, gauche, droite*, Plon, 1997, et reprise dans *Une raison d'espérer. L'horreur n'est pas économique, elle est politique*, Plon, 1997 ; nouvelle éd., Pocket, 2000.

les lois du marché politique n'oblige personne à se résigner aux mesquineries suicidaires du *marketing* politique. C'est seulement le préalable indispensable pour identifier les nouvelles règles du jeu politique qui contribueraient à l'avènement d'une vraie démocratie.

Loi n° 6

La véritable efficacité c'est la justice, la véritable justice c'est l'égalité des libertés

Quel rapport entre les lois de l'économie et la justice ? Au cas où vous vous poseriez sérieusement la question, rappelons que la quête de la justice est l'une des finalités sans lesquelles la recherche économique perd toute légitimité et toute utilité. Rappelons à ce propos les termes du « Manifeste pour l'économie humaine » (soutenu par des centaines de chercheurs dans le monde) :

« La seule finalité légitime de l'économie est la qualité de vie des hommes et des femmes, à commencer par celle des plus démunis. Par "qualité de vie" il faut entendre la satisfaction équitable des *aspirations* humaines : pas seulement celles que procurent les consommations marchandes, mais aussi l'ensemble des aspirations échappant à toute évaluation monétaire : dignité, paix, sécurité, liberté, éducation, santé, loisir, qualité de l'environnement, bien-être des générations futures, etc. Il s'ensuit que le critère d'efficacité, cher aux économistes, doit être entendu dans son acception la plus large, qui implique l'adéquation des moyens à l'ensemble des finalités de l'économie. Dans cette optique, la distinction fréquente entre la question de l'usage efficace des ressources, qui serait d'ordre purement technique, et la question de la juste répartition, qui serait d'ordre politique, est contestable. Un système économique pleinement efficace n'est pas seulement celui qui garantit l'absence de gaspillage des ressources dans la production des biens, mais aussi celui qui satisfait au mieux l'ensemble des exigences de l'humanité, à commencer par l'exigence de justice. La justice comme la dignité humaine ne sont donc pas des considérations indépendantes de celles liées à l'usage efficient des ressources, elles comptent au contraire au nombre des critères essentiels et indissociables d'appréciation de l'efficacité globale d'un système économique[36]. »

Soulignons ici la distinction entre l'« efficacité » dans le sens commun, qui signifie la capacité à atteindre les objectifs que l'on s'est donnés, et l'« efficience » (qui est souvent ce que l'économiste entend par « efficacité »), qui désigne l'adaptation et l'économie des moyens employés pour atteindre un objectif donné. Comme nous venons de le rappeler, c'est donc d'abord au nom de l'efficacité de la société, au sens le plus large, que se fait la recherche de la justice.

Mais de plus, même la recherche de l'efficience chère aux économistes – l'optimisation des moyens pour un objectif donné – est doublement inséparable

36. Jacques Généreux, « Manifeste pour l'économie humaine », art. cit., p. 151.

de la quête de la justice. D'une part, en effet, toute action en vue d'assurer un usage plus efficace des ressources (au sens de Pareto) affecte la répartition du bien-être entre les individus et soulève donc le problème de la juste répartition. D'autre part, la plupart des conceptions de la justice considèrent la gestion efficace des ressources comme l'un de ses ingrédients nécessaires.

Sujet incontournable donc, la question de la justice est pourtant le plus souvent évitée par les économistes, rebutés par sa nature éminemment subjective. Quelques esprits téméraires ont néanmoins accepté de se frotter à sa complexité[37].

Du maximum au maximin : les justes inégalités

La première source d'inspiration des économistes sur le sujet est l'« utilitarisme ». Fondé par l'œuvre de Jeremy Bentham (1780), approfondi par John Stuart Mill (1861) et relancé par John Harsanyi (1955), ce mouvement a une vocation humaniste. Il s'agit d'échapper à l'aliénation constituée par l'imposition d'une vérité morale extérieure à l'homme. Il s'agit aussi de remettre l'action politique au service des hommes et des femmes. Selon Bentham, la seule mesure légitime du bien et du mal est le plaisir et

37. Pour une synthèse brillante et claire des théories que nous ne faisons ici qu'évoquer, nous conseillons C. Arnsperger et Ph. Van Parijs, *Éthique économique et sociale*, La Découverte, coll. « Repères », 2000.

la douleur de l'homme ; la seule finalité sociale devrait être la maximisation du bien-être collectif. « Le bonheur public doit être l'objet du législateur : l'utilité générale doit être le principe de raisonnement en législation. [...] *Utilité* est un terme abstrait. Il exprime la propriété ou la tendance d'une chose à préserver de quelque mal ou à procurer quelque bien. *Mal*, c'est peine, douleur ou cause de douleur. *Bien*, c'est plaisir ou cause de plaisir. Ce qui est conforme à l'utilité ou à l'intérêt de l'individu, c'est ce qui tend à augmenter la somme totale de son bien-être. Ce qui est conforme à l'utilité ou à l'intérêt d'une communauté, c'est ce qui tend à augmenter la somme totale du bien-être des individus qui la composent[38]. »

Mais se préoccuper seulement du résultat global ne risque-t-il pas de laisser la voie libre aux pires injustices pour peu qu'elles accompagnent une amélioration de la « somme totale de bien-être » ? On est d'emblée tenté de s'écrier qu'une telle approche ne saurait constituer une théorie de la justice puisqu'elle ne dit rien sur la question cruciale des inégalités. Mais c'est à tort, car la maximisation de l'utilité totale peut exiger une réduction sensible des inégalités – et ce à cause d'une loi déjà rencontrée sur notre parcours : la décroissance de l'utilité marginale. L'utilité marginale des biens et des revenus est nettement plus faible pour les riches que pour les pauvres ; par conséquent, une redistribution en faveur

38. Jeremy Bentham, *An Introduction to the Principles of Moral and Legislation* (1780) ; trad. française : *Principes de législation*, Hauman et Cie, 1840, p. 4-5.

de ces derniers améliore le bien-être total. Implicitement, donc, l'utilitarisme stipule que les inégalités sont « justes » pour autant qu'elles améliorent le bien-être total (ou moyen). Mais, croyant fermer la porte de l'aliénation morale, les utilitaristes n'ouvrent-ils pas ainsi celle d'une aliénation politique aussi dangereuse ? En effet, affirmer le primat absolu d'un intérêt général impersonnel sur l'intérêt individuel revient à nier l'existence de droits inaliénables de la personne. Cette négligence des libertés et des droits fondamentaux de l'homme va, durant les années 1970, inspirer les deux réactions les plus marquantes à l'utilitarisme : la théorie de John Rawls et le mouvement libertarien.

John Rawls [39] se place dans la lignée des théories du contrat social (Rousseau, Locke, Kant). Sa démarche est à la fois libérale et égalitaire. Il s'agit de concilier la liberté individuelle de concevoir sa vie et l'égalité d'accès aux moyens de mener sa vie selon ses vues. Pour déterminer les principes qui assurent la justice, Rawls recherche ceux qui seraient retenus par des individus rationnels placés dans une position originelle de totale impartialité. Leur impartialité suppose de les placer sous le « voile de l'ignorance » : ils ne savent pas quelle est leur propre conception de la vie, ni quelle place ils occupent dans la société. John Rawls estime tout d'abord que, dans cette position originelle d'impartialité, des individus rationnels rejetteraient le critère utilitariste :

39. John Rawls, *Théorie de la justice* (1971), trad. Catherine Audard, Le Seuil, 1987.

« A première vue, il semble tout à fait improbable que des personnes se considérant elles-mêmes comme égales [...] consentent à un principe qui puisse exiger une diminution des perspectives de vie de certains, simplement au nom de la plus grande quantité d'avantages dont jouiraient les autres. Puisque chacun désire protéger ses intérêts, sa capacité à favoriser sa conception du bien, personne n'a de raison de consentir à une perte durable de satisfaction pour soi-même afin d'en augmenter la somme totale. En l'absence d'instincts altruistes, solides et durables, un être rationnel ne saurait accepter une structure de base simplement parce qu'elle maximise la somme algébrique des avantages, sans tenir compte des effets permanents qu'elle peut avoir sur ses propres droits, ses propres intérêts de base [40]. »

Rawls explique ensuite qu'un accord unanime ne pourra se faire qu'autour de principes qui sont à l'avantage de tous. Rawls ne conteste pas la recherche de l'efficacité collective qui motive l'approche utilitariste ; il conteste que cette recherche reste indifférente à la protection des droits fondamentaux de chaque personne et au niveau des inégalités économiques et sociales. Des individus rationnels accepteront un certain degré d'inégalité, parce qu'il est nécessaire à la motivation individuelle et donc à l'efficacité productive, mais pas n'importe quel degré. Les inégalités ne seront jugées acceptables par tous que si elles contribuent au bien-être de tous.

Rawls s'efforce alors de montrer que, dans la posi-

40. *Ibid.*, p. 40-41.

tion originelle d'impartialité, des individus rationnels parviendront à un accord unanime sur les principes suivants :

« En premier lieu : chaque personne doit avoir un droit égal au système le plus étendu de libertés de base égales pour tous qui soit compatible avec le même système pour les autres [41]. »

« En second lieu : les inégalités économiques et sociales doivent être organisées de façon à ce que, à la fois, *a)* elles apportent aux plus désavantagés les meilleures perspectives et *b)* elles soient attachées à des fonctions et des positions ouvertes à tous, conformément à la juste égalité des chances [42]. »

Ces principes proposent donc en fait trois critères de justice que Rawls énonce dans un ordre hiérarchique strict : le premier (principe de liberté) est supérieur au deuxième *(a)*, lui-même supérieur au troisième *(b)*. Cette hiérarchie implique concrètement que, d'une part, on ne peut pas échanger une restriction de ses libertés de base contre un mieux-être économique et, d'autre part, on ne peut détériorer les perspectives des plus démunis au nom de l'égalité des chances.

Le deuxième critère *(b)*, que Rawls appelle le « principe de différence », est le plus populaire en raison de son apparente incidence pratique immédiate : la maximisation du revenu minimum (maximin). Ce n'est pourtant pas le trait vraiment distinctif de cette théorie. On démontre facilement qu'une approche utili-

41. *Ibid.*, p. 91.
42. *Ibid.*, p. 115.

tariste (maximisation de l'utilité totale ou moyenne) débouche sur le même critère de maximisation du bien-être des plus défavorisés, pour peu que les individus aient une forte aversion pour le risque. Ce qui donne en revanche à la théorie de Rawls une position centrale dans le débat est sa mise en avant de l'égale liberté : égalité des libertés fondamentales et égale liberté d'accès aux positions sociales. C'est en définissant autrement cette égale liberté que se constituent deux autres conceptions majeures : celle de Robert Nozick, dans la lignée du courant libertarien, et celle d'Amartya Sen.

Égale liberté et égale capacité

Nozick et les libertariens rejoignent Rawls dans sa contestation de l'utilitarisme et son attention cruciale aux libertés, mais considèrent ces dernières autrement. Là où Rawls cherche les libertés fondamentales définies par des individus qui visent à coopérer en vue de vivre en société, les libertariens nient tout droit de la société à constituer une entrave à la liberté de l'individu (avec de rares exceptions pour la répression des criminels ou l'éducation des enfants, par exemple). L'homme est pleinement propriétaire de lui-même et ne doit recevoir aucun ordre de la société. Il est en conséquence pleinement propriétaire de ce qu'il crée lui-même ou obtient par l'échange libre des ressources avec des individus qui en sont eux-mêmes les propriétaires légitimes. Les biens qui ne sont pas créés appartiennent, quant à eux, au premier occupant.

Dès lors, les libertariens développent une vision purement procédurale de la justice. « Toute chose, quelle qu'elle soit, qui naît d'une situation juste, à laquelle on est arrivé par des démarches justes, est elle-même juste [43] », écrit Nozick. Ce qui dérange le plus les libertariens dans la conception utilitariste comme dans la conception rawlsienne de la justice, c'est de juger la justice d'une situation donnée sans s'interroger sur la façon dont cette situation a été obtenue et sur la légitimité des moyens employés pour y parvenir : « La plupart des gens [...] pensent qu'il est pertinent d'évaluer la justice d'une situation en ne considérant pas seulement la distribution que cela représente, mais aussi la façon dont la distribution est née. Si certaines personnes sont en prison pour meurtres ou crimes de guerre, nous ne déclarons pas que pour évaluer la justice de la distribution dans la société nous ne devons analyser que ce que cette personne possède, ou ce que cette autre personne a, à l'époque dont il est question. Nous pensons qu'il est pertinent de demander si quelqu'un a agi de telle sorte qu'il *mérite* d'être châtié, mérite d'avoir une part moins importante [44]. »

Mais si la vision libertarienne présente l'avantage d'attirer l'attention sur la *justice des moyens*, c'est une attention trop exclusive qui conduit à un désintérêt absolu pour la justice des résultats de l'action

43. Robert Nozick, *Anarchie, État et utopie* (1974), trad. Évelyne d'Auzac de Lamartine, Presses universitaires de France, 1982, p. 190.

44. *Ibid.*, p. 193.

humaine, désintérêt qui choque le sens le plus commun de la justice et soulève de nombreuses objections pratiques et théoriques.

Sur le plan pratique, on ne peut imaginer de remettre à plat l'ensemble des droits et des avoirs détenus aujourd'hui par les uns et les autres pour en reconstituer l'historique (jusqu'au premier occupant, le cas échéant !) et déterminer si leur répartition actuelle est légitime ou non.

D'autre part, en s'opposant à toute réglementation, voire à tout impôt entravant l'autonomie de l'individu, les libertariens prônent un État ultraminimal ou inexistant, ce qui rend impossible la protection du droit à la « pleine propriété de soi » ; ils font l'impasse sur cette évidence pratique : sans loi commune il n'y a pas d'exercice serein de la liberté, sauf pour Robinson Crusoé avant l'arrivée de Vendredi. Une société sans loi, et sans État pour l'appliquer, est livrée à la sauvagerie des rapports de forces, qui ne risque pas d'instaurer l'égale et pleine liberté dont rêvent les libertariens. Leur vision semble fondée sur le rejet de l'idée même de société et s'applique à un monde fictif ou des individus totalement autonomes pourraient mener des vies juxtaposées, sans avoir à s'interroger sur la façon de bien vivre ensemble.

Amartya Sen[45] a proposé une approche qui dépasse l'alternative justice des moyens/justice des résultats. Selon lui, l'essence de la justice ne repose ni sur l'égalité des moyens (droits et ressources), ni sur l'égalité

45. Amartya Sen, *Repenser l'inégalité* (1992), trad. Paul Chemla, Le Seuil, 2000.

des résultats (niveau de bien-être), mais sur l'égale *capacité* (ou *capabilité*) des individus à transformer des moyens en résultats conformes à leur conception de la vie. Une dotation équivalente de libertés formelles et de ressources ne règle pas le problème des divers handicaps qui limitent la capacité à employer cette dotation : « [...] rappelons qu'un handicapé peut avoir plus de biens premiers qu'un autre (sous forme de revenu, de fortune, de liberté, etc.) mais moins de capabilités (en raison de son handicap). Autre exemple, emprunté cette fois aux travaux sur la pauvreté : quelqu'un peut gagner et manger davantage, mais être moins libre de mener une vie de personne bien nourrie en raison d'un métabolisme de base plus élevé, d'une plus grande vulnérabilité aux maladies parasitaires, d'une corpulence supérieure ou simplement d'une grossesse. De même, lorsque nous traitons de la pauvreté dans les pays riches, nous devons tenir compte du fait que beaucoup de ceux qui sont pauvres en termes de revenus et autres biens premiers ont aussi des caractéristiques – âge, handicap, vulnérabilité à la maladie – qui leur compliquent la conversion des biens premiers en capabilités de base, comme pouvoir se déplacer, être en bonne santé, prendre part à la vie de la communauté [46]. »

Par ailleurs, un niveau de bien-être équivalent peut masquer des inégalités criantes dans la capacité de choisir sa vie, parce que les plus démunis s'efforcent de trouver leur bonheur dans l'espace restreint de liberté réelle qu'ils savent être à jamais le leur. « Le

46. *Ibid.*, p. 122-123.

problème se pose sous une forme particulièrement aiguë dans un contexte d'inégalités et de privations bien ancrées. Il est possible qu'une personne subissant les pires privations et menant une vie extrêmement limitée n'apparaisse pas terriblement mal lotie si on lui applique l'étalon de mesure mentale du désir et de sa satisfaction, pour peu qu'elle accepte son sort avec résignation et sans se plaindre. Dans des situations de privation durable, les victimes ne continuent pas à récriminer et à se lamenter tout le temps. Très souvent, elles font de gros efforts pour prendre plaisir au peu qu'elles ont et ramener leurs désirs personnels à des proportions modestes – "réalistes". Et d'ailleurs, dans les contextes d'adversité auxquels, par leurs propres efforts, les victimes ne peuvent rien changer, le *raisonnement prudentiel* leur suggère de concentrer leurs désirs sur les petites choses qu'elles peuvent éventuellement atteindre, plutôt que d'aspirer vainement à ce qui est hors de portée. La mesure de la satisfaction du désir pourrait alors laisser totalement échapper l'étendue des privations de l'intéressée, même si elle est absolument hors d'état de se nourrir correctement, de se vêtir décemment, de recevoir le moindre rudiment d'éducation et d'avoir un toit acceptable[47]. »

Si cette insistance d'Amartya Sen sur la liberté réelle de choisir sa vie n'est désormais pas loin de constituer la base d'une vision dominante, elle ne résout bien évidemment pas tout. Elle ne fait que relancer le débat. Quelle est la liste des capacités

47. *Ibid.*, p. 86.

fondamentales à distribuer également, et comment évaluer la « capacité » ? Quelles sont les capacités prioritaires ? L'amélioration des infrastructures pour faciliter la mobilité des handicapés est-elle plus urgente que les programmes d'éducation et de formation spécialisés pour lutter contre l'illettrisme ? On le voit, la justice reste en pratique introuvable par la seule raison, et c'est une fois encore au débat démocratique d'aborder ces questions et de déterminer des choix.

Du moins disposons-nous désormais de quelques principes susceptibles de guider ce débat public. Nous avons tenté de les résumer dans le « Manifeste pour l'économie humaine » en ces termes :

« Nous soutenons que, dans une société juste, tous les êtres humains devraient disposer d'une égale capacité à mener leur vie selon leur conception, et dans le respect de cette même capacité pour leurs semblables. Cet idéal n'entraîne pas seulement une égalité formelle des libertés et droits fondamentaux, mais aussi une égalité d'accès aux moyens externes et aux aptitudes personnelles grâce auxquels une personne peut mettre en œuvre ses libertés. Cet idéal d'égalité conduit notamment à considérer comme acceptables les inégalités économiques et sociales :

« – qui contribuent à une plus grande efficacité productive, dans la mesure où elles permettent de développer les capacités de toutes les femmes et de tous les hommes ;

« – qui résultent du libre choix des personnes d'utiliser différemment des capacités égales ;

« – qui résultent d'inégalités initiales de talents

et d'aptitudes physiques ou mentales, après que la société aura fait ce qui était raisonnablement possible pour corriger ces inégalités initiales et garantir aux personnes concernées le meilleur exercice de leurs droits fondamentaux.

« Sont en revanche inacceptables les inégalités :

« – qui ne contribuent qu'à l'amélioration des capacités des personnes qui sont déjà parmi les mieux dotées en capacités ;

« – qui résultent d'une soumission des femmes au pouvoir des hommes ;

« – qui reflètent une discrimination fondée sur la couleur de la peau, la religion, le sexe ou l'ethnie [48]. »

Insistons pour finir sur une leçon essentielle de ce chapitre. Nous avons montré qu'aucun problème économique ne peut éluder la question de la justice et que cette question relève toujours *in fine* du débat public. Il s'ensuit qu'aucune question de politique économique n'a de solution technique obligée et n'échappe au débat démocratique. Et peut-être tenons-nous là l'une des plus robustes lois de l'économie !

48. Jacques Généreux, « Manifeste pour l'économie humaine », art. cit., p. 156-157.

Loi n° 7

La mauvaise concurrence chasse la bonne

Est-il encore besoin d'énumérer les « vertus » de la concurrence ? La liste sommaire qui suit semble désormais intégrée à la culture économique universelle : incitation à l'effort et à la productivité, élimination des gaspillages et des rentes de situation, adaptation des productions aux besoins des usagers, production au moindre coût, etc. Mais ces « vertus » ne sont pas attachées à n'importe quelle forme de compétition ni à n'importe quel degré de liberté des compétiteurs. Une guerre sans borne, où tous les coups sont permis, peut anéantir les bienfaits d'une saine concurrence.

En vérité, si l'on fait abstraction de la multitude de règles sociales implicites ou formelles qui l'organise en un processus de compétition limitée, la concurrence n'a en elle-même aucune vertu particulière. Qu'est-elle en effet à l'état brut ? Une rivalité entre des individus qui veulent tous faire ou obtenir la même chose, faire mieux ou posséder davantage que les autres. Où est la vertu ? Le fait de vouloir être le premier, le plus fort, le plus riche et de priver ainsi l'autre de ce à quoi il aspire aussi n'a rien d'admirable en soi ; ce n'est là au fond que l'expression primaire d'un instinct de conservation (manger avant d'être mangé) ou de domination ; ce sont aussi les mobiles qui conduisent à voler, à tuer, à mentir, à exploiter les plus faibles, tous comportements qui, autant qu'on sache, n'ont jamais été considérés comme des vertus.

C'est précisément l'élaboration de règles destinées à civiliser la rivalité naturelle des êtres humains qui conduit à substituer les échanges à la prédation, puis les marchés organisés aux échanges inorganisés. Aussi, le concept même de concurrence ne commencera-t-il d'être vraiment employé, puis analysé par les économistes que très tardivement – pour l'essentiel au XXe siècle seulement –, après quelques millénaires de développement des échanges marchands. La question se pose alors de savoir quelles sont les modalités d'organisation de la concurrence qui sont susceptibles d'assurer un développement économique durable et profitable aux hommes et aux femmes.

Qu'est-ce qu'une « bonne » concurrence ?

La première vision élaborée d'une concurrence optimale est développée par les néoclassiques dans le dernier tiers du XIXe siècle [49]. Selon eux, une *concurrence pure et parfaite* peut garantir un usage optimal

49. Pour une histoire du concept de concurrence, voir Philippe Thureau-Dangin, *La Concurrence et la Mort*, Syros, 1995.

des ressources. Les conditions nécessaires à la réalisation de cet idéal ne seront toutefois explicitées qu'en 1921 par Franck Knight[50] : atomicité (grand nombre d'acteurs), homogénéité des biens, libre accès au marché, mobilité des facteurs de production, transparence (information parfaite des acteurs ; cf. « Loi n° 3 »). Cette conception de la bonne concurrence dominera longtemps la pensée orthodoxe en dépit des critiques apparues très tôt en son propre sein. Ainsi, Franck Knight lui-même, un an à peine après sa contribution majeure à la définition de la concurrence pure et parfaite, en fait une critique en règle !

Mais c'est peut-être de la branche autrichienne de l'économie néoclassique que surgira l'attaque la plus vive. Dans une série de textes rassemblés en 1948, sous le titre *Individualism and Economic Order*, Friedrich von Hayek propose une vision radicalement différente de la bonne concurrence. Il dénonce l'absurdité méthodologique de l'approche néoclassique, qui prend pour modèle du marché concurrentiel un état parfait et si radicalement irréaliste qu'il n'y a aucune espèce de chance de s'en approcher concrètement. Les marchés réels étant caractérisés par une imperfection insurmontable de l'information, aucun processus idéal de concurrence ne peut garantir en permanence l'usage le plus efficace des ressources. Mais, pour Hayek, c'est précisément cette imperfection radicale du marché qui fait la supériorité d'un processus décentralisé de libre négociation :

50. Dans *Risk, Uncertainty and Profit* (1921), nouvelle éd., Houghton Mifflin, 1957.

les acteurs individuels font circuler l'information sur leurs moyens et leurs désirs, et peuvent ajuster leurs plans en continu pour les rendre aussi compatibles et cohérents que possible. Cela ne permet jamais d'atteindre l'optimum théorique promis par le modèle néoclassique, mais cela permet d'atteindre le meilleur usage effectivement possible des ressources. La bonne concurrence n'est donc pas un *état du marché* défini par une liste de conditions abstraites, mais un *processus dynamique* engendré par la liberté d'entreprendre et de négocier.

Au début des années 1980, la théorie des marchés contestables [51] viendra renforcer cet accent mis sur le processus dynamique de libre compétition. Cette nouvelle approche attire l'attention sur la conséquence essentielle de la concurrence : la possibilité de prendre le marché d'un concurrent, de remettre en cause les positions acquises par ceux qui sont déjà présents dans une activité. Bref, ce qui compte vraiment dans ce processus, c'est la possibilité de contester le marché d'un autre. Un marché *concurrentiel* est un marché *contestable*. Le marché peut être considéré comme parfaitement contestable si deux conditions seulement sont réunies : la *libre entrée* et la *libre sortie*. Par « libre sortie » il faut entendre l'absence de coûts irrécupérables, en cas d'échec d'un investisseur à la suite de son entrée sur un nouveau marché. Si ces conditions sont réunies, toute

51. W. Baumol, J. Panzar, R. Willig, *Contestable Markets and the Theory of Industry Structure*, Harcourt Brace Jovanovitch, 1982.

position acquise sur le marché, fût-elle celle d'un monopole, reste contestable par d'autres investisseurs. N'importe quel investisseur extérieur au marché peut y entrer, pour tenter sa chance et prendre une part de marché, quasiment sans risques, si tous les coûts engagés sont récupérables ou ne dépassent pas les coûts d'usure du capital qui auraient été subis de toute façon, dans n'importe quelle autre activité. Par exemple, le marché des leçons particulières de piano ou celui des gardes d'enfants à domicile sont parfaitement contestables : on ne risque rien à tenter sa chance, en déposant gratuitement des annonces chez les commerçants de son quartier. En revanche, le marché de l'automobile est peu contestable parce que les coûts fixes d'entrée sur le marché sont énormes et largement irrécupérables : conception de modèles, lancement d'une nouvelle marque, équipements industriels spécifiques à la construction automobile, etc.

La théorie des marchés contestables a établi qu'une entreprise dont le marché est parfaitement contestable est contrainte de se comporter comme une entreprise du modèle de concurrence pure et parfaite, quel que soit le nombre de concurrents réellement présents sur son marché, et même, à la limite, si elle n'en a aucun et dispose donc d'un monopole. En effet, c'est la *menace* de la concurrence, même potentielle, et non la *présence* de concurrents, qui contraint le comportement des entreprises.

De cette théorie nous soulignerons ici deux enseignements. Tout d'abord, il est des secteurs d'activité par nature peu contestables, en raison des coûts d'entrée (et de sortie en cas d'échec) élevés. On ne peut donc, dans ces secteurs, placer trop d'espoirs dans les vertus spontanées de la concurrence, puisque la pression de cette dernière y est fortement atténuée. Mais compte tenu des coûts sociaux d'une concurrence excessive (que nous détaillerons plus loin), il faut plutôt se réjouir de cette limitation spontanée de son intensité. Par ailleurs, dans les secteurs contestables, les vertus de la compétition ne seraient pas attachées au strict respect d'une structure particulière du marché, mais à la liberté d'aller et venir sur les marchés, à la liberté d'entreprendre donc, au fait que tout joueur nouveau peut faire jeu égal avec ceux qui sont déjà dans la partie. Et pour que cette liberté d'entreprendre exerce son influence bénéfique, elle n'a nullement besoin d'être la liberté d'entreprendre n'importe comment, à sa guise : il lui suffit d'être une liberté égale pour tous les concurrents.

Le coût social de la concurrence

Très tôt, d'ailleurs, les économistes ont pensé que la concurrence optimale ne pouvait pas être une concurrence maximale, sans freins à la liberté. Au tout début du siècle, le Russe Vladimir Dmitriev explique que les entreprises en guerre, pour remporter des parts de marché, doivent accumuler des stocks et des surcapacités de production, et engager des frais de publicité considérables. Ces coûts de « réalisation » de la concurrence constituent en partie un gaspillage de ressources qui trouveraient un emploi plus productif dans un univers de compétition plus modérée. Cette piste de réflexion ne sera guère suivie à l'époque.

En revanche, des années 1920 aux années 1950, la théorie économique orthodoxe énoncera d'autres raisons pour lesquelles une concurrence pure et parfaite ne garantit pas le meilleur usage des ressources (externalités, biens publics). Pour la théorie de ces défaillances du marché, retournez à la « Loi n° 4 ». Pour ce qui concerne la pratique, il n'y a qu'à ouvrir les yeux. Les effets dramatiques potentiels ou réels de la libre concurrence sur l'environnement, la santé et la sécurité ne font, hélas, plus l'ombre d'un doute : cargos-poubelles qui menacent les côtes, chauffeurs routiers trop pressés qui s'endorment au volant, « vache folle », etc. L'idée selon laquelle la concurrence contraindrait nécessairement les producteurs à améliorer sans cesse la qualité des produits, pour satisfaire au mieux les besoins des hommes, n'a-t-elle pas quelque chose de surréaliste dans un monde où le consommateur souverain peut se faire livrer à son insu de la vache à l'ESB [52], du sang contaminé ou du poulet à la dioxine ?

Nous faisons par ailleurs quotidiennement l'expérience de méfaits moins dramatiques, mais non moins réels, d'une concurrence excessive. Combien de produits nouveaux arrivent trop vite sur le marché – donc insuffisamment adaptés à nos besoins ou carrément défectueux – parce que leurs producteurs ont

52. Encéphalite spongiforme bovine ou maladie de la « vache folle ».

craint d'être devancés par un concurrent ? A ce jeu-là, ce sont les consommateurs eux-mêmes qui font, à leurs dépens, office de testeurs des produits, sans être en quoi que ce soit rémunérés pour ce travail ni indemnisés pour les désagréments répétés qu'ils doivent subir. La concurrence met les entreprises et leurs dirigeants sous pression, les contraint à aller vite et, comme l'a magistralement démontré Jacques Sapir[53], cela ne peut que nous éloigner de l'usage efficace des ressources dans des processus qui exigent du temps.

L'expérience récente des ouvertures de marchés à la concurrence et des dérégulations de marchés précédemment réglementés est également édifiante. Pour ne prendre que quelques exemples très récents, signalons les trains qui déraillent au Royaume-Uni, la pénurie et les prix exorbitants de l'électricité en Californie, les crises à répétition sur les marchés financiers qui ruinent plus sûrement les petits entrepreneurs et les ménages des pays pauvres que les spéculateurs, etc.

Et quand la privatisation et la dérégulation se font brutalement à l'échelle d'un pays entier, à l'instar de ce qui s'est produit en Russie après l'effondrement du système communiste, on réalise à quel point les bienfaits de la concurrence sont indissociables des institutions, des règles sociales et des régulations politiques patiemment élaborées au cours des siècles dans les vieux pays industriels. Sans ces dernières,

53. Jacques Sapir, *Les Trous noirs de la science économique*, *op. cit.*

l'ouverture à la concurrence engendre d'abord le chaos, avant de livrer la société à une régulation occulte par la mafia et les anciens tyrans qui reprennent la place de l'État défaillant.

Concurrence exacerbée et délitement du lien social

Il est enfin un coût social d'une concurrence excessive invisible à court terme et pourtant tragique à long terme : le délitement progressif du lien social et de la citoyenneté. Le développement de la crise du politique et de la citoyenneté – que tout le monde reconnaît désormais – a coïncidé avec l'intensification de la compétition entre les nations comme entre les individus, engendrée par la globalisation des marchés et leur déréglementation. Mais plutôt qu'une coïncidence, il s'agit là d'une relation intime entre l'économique et le politique. Nous en explicitons la genèse et les conséquences dans *La Révolution démocratique*[54], dont nous livrons ici seulement quelques extraits :

« Une compétition économique sans limites entre les nations les contraint à alléger toujours davantage les charges fiscales et sociales qui pèsent sur les entreprises, à la fois pour attirer les investisseurs et pour éliminer un handicap dans la lutte des entreprises nationales sur les marchés mondiaux.

54. *La Révolution démocratique. De la loi du marché à la loi des hommes*, à paraître chez Plon.

« Si la guerre économique tend ainsi à détruire les marges de manœuvre financières du politique, elle en sape aussi les bases morales en brisant la solidarité collective. Il s'agit en effet d'une guerre civile où l'ennemi est le plus souvent invisible, et non un État étranger dont l'agression stimulerait le sentiment national. Votre gouvernement ne vous demande pas de combattre tous ensemble pour sauver la patrie ou défendre un idéal commun. En fait, il ne vous demande plus rien, il vous abandonne purement et simplement à la guerre avec votre patron, avec vos collègues ; vous avez l'impression qu'il a donné les clés de la ville aux prédateurs pour qu'ils y mènent leurs affaires à leur guise. Non seulement le politique ne vous sert plus à rien, mais il est en outre l'allié objectif de vos ennemis. Et quand l'ennemi est enfin perceptible, vous réalisez que c'est votre voisin, celui qui ne veut pas être viré à votre place, ou qui a été viré à votre place, celui qui veut être plus compétitif que vous, qui veut gagner la course, celui qui ne peut pas courir mais veut quand même bouffer et boire à la coupe des vainqueurs, bref, l'autre qui vous perçoit comme un ennemi et qui finit par sortir son couteau pour une place de parking.

« Demandez-vous pourquoi cette dernière phrase vous semble crédible, alors que personne ne vous a jamais menacé d'un couteau pour une place de parking. C'est que les peurs collectives se développent par la force du discours politique et médiatique bien avant d'être fondées sur des faits. Ainsi, le matraquage d'un discours prétendu "économiquement correct" insinue dans nos esprits une logique de guerre économique plus redoutable qu'elle n'est en réalité. Des responsables politiques, des patrons, des gourous se relayent pour fustiger en permanence l'archaïsme de la protection sociale, la crispation sur les avantages acquis, la peur de la mobilité, les rigidités du Code du travail. On nous rabâche que nos défenses passées ont déjà été enfoncées par les assauts de la compétition mondiale ; la sécurité est obsolète, c'est la combativité qui est moderne ; et la meilleure défense sera désormais l'attaque. Nous vivons dans un monde sans filet, où l'avenir de chacun est incertain sauf sur un point : il faudra se battre [...].

« Ainsi, avant même d'être pleinement entré dans les faits, le choix d'une logique de compétition généralisée pénètre les esprits et diffuse une culture de marché qui rend obsolète la culture de tous ceux qui se croyaient encore membres d'une société humaine. Dans une société, en effet, chacun pense tenir sa place en accomplissant un ensemble de devoirs intimement liés aux droits qui lui sont reconnus. Sur un marché, en revanche, l'individu n'a pas de “place”, il se sent une marchandise qui devra sa survie au fait d'être plus forte que les autres ou l'esclave des plus forts. Dans une société on vit, sur un marché on se bat [...].

« Dans ce contexte, la crise de la citoyenneté et la montée des incivilités n'ont rien de surprenant. On ne peut à la fois traiter les gens comme des marchandises, les inciter à se traiter les uns les autres comme des marchandises rivales et vouloir qu'ils se comportent en citoyens. Et pourtant, beaucoup essayent encore. Les plus âgés, ou les moins jeunes, gardent longtemps les traces de leur culture ancienne, celle d'avant la guerre économique. C'est pourquoi, même dans une société brutale, les individus peuvent encore être solidaires entre eux, se serrer les coudes au lieu de s'entre-déchirer face à l'adversité [...].

« Mais comment les jeunes qui n'auront rien connu d'autre que la culture du marché et de la compétition pourraient s'imaginer membres d'une communauté humaine, d'une nation, dotés de droits égaux dont l'exercice dépend de leur respect par les autres, et donc très exactement des devoirs que chacun se reconnaît envers les autres ? Une société qui dit à ses enfants que la vie n'est pas une entreprise collective mais une compétition individuelle permanente récolte ce qu'elle a semé : des jeunes qui se battent les uns contre les autres. La guerre économique nous prépare à la guerre civile[55]. »

La compétition solidaire

La transformation de la concurrence en guerre économique n'est pas une fatalité. D'une part, on l'a déjà souligné, l'histoire des économies de marché – du moins jusqu'aux années 1970 – est l'histoire de la civilisation progressive des échanges par des institutions et des règles. D'autre part, au sein même des économies capitalistes coexistent des formes alternatives de concurrence, respectueuses des valeurs des communautés humaines et pourtant sans concession quant à la recherche de la rentabilité et de l'efficacité

55. *Ibid.*, chap. 3, extraits.

productive. On en trouve de nombreuses illustrations dans ce qu'il est convenu d'appeler l'« économie solidaire » et dans l'économie sociale (coopératives, mutuelles, etc.)[56]. La caractéristique fondamentale commune à ces modes de production est que la concurrence y est tempérée, parce que les décideurs n'ont ni pour objectif premier, ni pour contrainte vitale de réaliser ou de maximiser des profits monétaires. La rentabilité n'y est pas une fin en soi, mais un outil au service d'autres finalités.

Mais on peut aussi rencontrer la même tempérance de la compétition dans des entreprises dont l'objectif principal demeure la maximisation du profit. Entre autres exemples, l'expérience de nombreux districts industriels italiens du Nord (confection, chaussures, lunetterie, notamment) démontre l'efficacité et la rentabilité du mixage d'une logique de compétition individuelle et d'une logique de solidarité collective. On pourrait à ce propos parler d'une forme de « compétition solidaire ». Chacun poursuit à la fois son objectif personnel d'excellence et de conquête des marchés, et celui d'une prospérité communautaire ou territoriale. Les entrepreneurs mettent ainsi en place des coopérations en matière de formation du personnel, de recherche, de prêt de main-d'œuvre ou de matériel, de prospection des marchés, etc. C'est là, en partie, le résultat d'un sens éclairé de l'intérêt personnel à long terme que l'on pourrait comparer à

56. Voir par exemple Christophe Fourel, *La Nouvelle Économie sociale*, Syros, coll. « Alternatives économiques », 2001

celui des membres d'une équipe sportive : tous les sportifs sont en compétition pour optimiser leur carrière personnelle, mais doivent, pour cela même, agir aussi en équipe et pour le succès de l'équipe. Le choix de la compétition solidaire résulte aussi d'une forte pression sociale qui contraint chacun à la loyauté envers la communauté à laquelle il appartient.

La concurrence dévoyée en guerre économique

Si donc la guerre économique n'est ni une fatalité, ni le choix spontané de nombreux acteurs de l'économie, elle est un choix politique. Son extension, à la charnière des années 1970 et des années 1980, est clairement liée à la victoire de la droite libérale dans trois des plus grandes économies de marché (Allemagne de l'Ouest, États-Unis, Royaume-Uni). Le choix délibéré d'une logique de compétition mondiale ouverte et déréglementée, initiée par quelques pays et peu à peu soutenue ou non combattue par les autres, a en effet changé la nature du processus concurrentiel [57].

Le passage d'un terrain de jeu national ou régional à un terrain de jeu mondial n'a pas été accompagné

57. Sur les transformations des règles du jeu et de la gestion liées à la globalisation commerciale et financière, voir notamment Pierre-Noël Giraud, *Le Commerce des promesses. Petit traité sur la finance globale*, Le Seuil, coll. « Économie humaine », 2001, et André Orléan, *Le Pouvoir de la finance*, Odile Jacob, 2000.

par la mise en place d'arbitres internationaux capables de réguler la compétition internationale, comme l'avaient fait jusque-là les États sur le plan national. Par ailleurs, la libre circulation des capitaux et le rôle accru des grands fonds d'investissement dans le financement des entreprises ont en partie déplacé l'objet premier de la compétition : la concurrence sur la pertinence et la qualité des produits passe au second rang derrière la concurrence sur les marchés de capitaux pour séduire les actionnaires.

Il s'ensuit souvent une quête de la rentabilité financière immédiate, parfois peu compatible avec la conduite sereine d'une stratégie d'entreprise à long terme. Comme l'indique une étude récente de *Mercer Management Consulting* sur huit cents entreprises nord-américaines, les politiques de compression systématique des coûts pour renforcer les marges s'avèrent souvent contre-performantes à long terme pour la valeur des actions ! La libre concurrence peut ainsi se faire contre l'intérêt même de ses habituels promoteurs. Est-ce à dire que ces derniers sont irrationnels ? Pas vraiment. La théorie économique, comme l'expérience, montre presque toujours que, à long terme, les stratégies de coopération solidaire sont plus efficaces que les stratégies de compétition solitaire. Mais en l'absence d'un lien social fort ou d'une régulation politique susceptibles de garantir le respect des accords de coopération, des acteurs rationnels n'ont pas d'autre choix que la compétition sauvage. A la guerre, on tue avant d'être tué, même si chacun sait bien qu'il serait plus efficace d'éviter la guerre.

Pour finir, un bilan coûts/avantages approprié à l'évaluation de l'intensité souhaitable de la concurrence ne devrait-il pas intégrer des considérations sur la justice ? En effet, même en l'absence d'un consensus sur un critère précis de justice (cf. « Loi n° 6 »), il est un quasi-consensus pour admettre que la justice implique une forte réduction des inégalités. Dès lors, la nature démesurée et inadaptée de l'exacerbation de la concurrence mondiale depuis les années 1980 ne fait guère de doute puisqu'elle a presque systématiquement engendré la remontée des inégalités à l'intérieur comme entre les nations. Mais qu'on ne s'y trompe pas, ce n'est pas la concurrence qui a perverti les nations. Ce sont plutôt les nations qui ont perverti la concurrence en renonçant à sa régulation, transformant ainsi l'émulation des talents en guerre pour la survie.

Loi n° 8

L'impôt n'est pas un prélèvement obligatoire

Si, hormis quelques libertariens ultraminoritaires, personne ne conteste la nécessité de l'impôt, au moins pour financer les biens publics indispensables, le discours aujourd'hui dominant ne lui reconnaît guère de mérites propres. Il est au mieux perçu comme un *mal* nécessaire, mais qu'il convient de limiter autant que faire se peut. La logique économique implicite qui sous-tend cette perception est la suivante : l'impôt est « prélevé » sur les richesses créées par les activités marchandes, il réduit donc les richesses disponibles pour les individus ; qui plus est, un niveau élevé de pression fiscale pénalise l'effort et l'investissement des acteurs les plus performants, et peut dès lors constituer un frein à la croissance.

Dans le contexte moderne de mondialisation des marchés, les États se retrouvent de fait en concurrence pour attirer ou retenir les investisseurs et les talents. Un pays qui surtaxe ces derniers, relativement aux conditions fiscales offertes par les autres pays, s'expose à la délocalisation des entreprises, à la fuite des cerveaux et, comble du malheur, à l'expatriation de ses meilleurs joueurs de football et de ses plus beaux *top models*.

Les économistes ne sont pas frivoles et n'ont en conséquence pas encore accordé beaucoup d'attention aux conséquences de l'émigration des mannequins. En revanche, ils ont très tôt stigmatisé la nature autodestructrice d'une fiscalité abusive [58]. Les griefs que l'on peut faire à l'impôt sont déjà clairement exposés par les libéraux français au milieu du XVIIe siècle.

Plus d'impôt ne permet pas forcément de financer plus de biens publics. En effet, au fur et à mesure que s'élève la pression fiscale, la désincitation au travail, à la production et à l'investissement provoque une réduction de la richesse nationale sur laquelle, d'une manière ou d'une autre, est prélevé l'impôt. Autrement dit, l'*assiette de l'impôt* (sa base de calcul : les revenus, les productions, les patrimoines) est réduite par l'élévation des *taux d'imposition*.

A la limite, « l'impôt tue l'impôt », parce que ses effets pervers, qui réduisent l'assiette fiscale, font plus que compenser la hausse des taux d'imposition, si bien que cette dernière pourrait engendrer la baisse et non la hausse des recettes fiscales. En 1844, le Français Jules Dupuit illustra ce phénomène en traçant une courbe montrant comment les recettes fiscales commencent par augmenter avec le taux d'imposition,

58. La plupart des raisonnements à ce propos sont déjà clairement exposés par les libéraux français dès la fin du XVIIe siècle. On en trouve notamment une parfaite illustration *in* Pierre Le Pesant de Boisguillebert, *Le Détail de la France*, 1697.

avant d'atteindre un maximum (seuil critique où les effets négatifs sur l'assiette d'imposition dominent) au-delà duquel elles régressent, jusqu'à être nulles quand le taux d'imposition est de 100 %. Il faudra à cette courbe en cloche plus d'un siècle pour passer vraiment à la postérité, sous le nom de « courbe de Laffer » [59].

Aux sources d'une erreur grossière sur la nature de l'impôt

Tout cela a l'air frappé au coin du bon sens. Mais c'est encore une fois de contresens qu'il s'agit. Car ce bon sens repose en fait sur une hypothèse saugrenue : l'impôt ne sert strictement à rien, l'argent prélevé est détruit et ne produit rien. Si, au contraire, l'impôt sert à financer des dépenses publiques elles-mêmes utiles, il n'a aucune chance de « tuer l'impôt » et il cesse d'être un « prélèvement sur les richesses » pour constituer seulement le coût de production d'une richesse. Or, précisément, s'il n'existe aucune preuve empirique d'une incidence négative de la pression fiscale sur le développement économique, les théories modernes de la croissance [60] reconnaissent

59. A. Laffer et Jan P. Seymour, *The Economics of Tax Revolt*, 1979 ; J. Dupuit, « De la mesure de l'utilité des travaux publics », 1844, dont la courbe est reproduite *in* J. Boncœur et H. Thouément, *Histoire des idées économiques*, *op. cit.*, t. 2.

60. Il s'agit des « théories de la croissance endogène ». Voir, par exemple, le remarquable ouvrage de Jean Arrous, *Les Théories de la croissance*, Le Seuil, coll. « Points », 1998.

en revanche un rôle positif et essentiel aux infrastructures, à l'éducation, à la recherche fondamentale, tous facteurs très largement financés par l'impôt. Contrairement aux idées dans l'air du temps, l'impôt n'est pas un *mal* nécessaire, mais un *bien* nécessaire. Le dénigrement de l'impôt et de l'État, fondé sur les effets pervers de la fiscalité, est l'exemple typique d'un processus de pensée qui part d'une idée juste (la pression fiscale peut réduire l'incitation à la création de richesses marchandes) pour aboutir à une extrapolation fantaisiste semant la confusion sur les concepts économiques les plus élémentaires.

Aux sources de cette confusion sur la nature de l'impôt se trouve une erreur grossière sur la nature de la production et des fameuses « richesses » créées par les acteurs de la vie économique. Cette erreur a peut-être son origine dans le raisonnement en termes de circuit économique initié en France par les physiocrates (milieu du XVIIIe siècle), et en partie repris par les classiques anglais : on identifie une source de la valeur injectée dans le circuit économique (la production agricole pour les physiocrates, le travail marchand pour les classiques), avant d'examiner comment se répartit cette valeur. Par définition, tout acteur qui intervient hors de la sphère productive initiale et perçoit une partie du revenu national, après que celui-ci a été créé, effectue un « prélèvement » sur les richesses auxquelles il n'ajoute rien. C'est ainsi que les physiocrates considéreront les commerçants et artisans des bourgs comme des parasites vivant aux crochets des paysans. C'est aussi pourquoi, chez Adam Smith par exemple, le « profit » apparaît comme un « prélèvement » sur la valeur engendrée par le travail, ce qui ouvre directement la voie à la théorie de l'exploitation qui sera développée par Karl Marx : puisque toute la valeur vient du seul travail, le capitaliste n'ajoute aucune valeur ; par conséquent le profit de ce dernier est assimilable à un vol, qui n'est possible qu'en raison du pouvoir de domination que confère la propriété des moyens de production.

Toutes les explications monistes de la valeur, qui en cherchent la substance dans un seul facteur de production, aboutissent naturellement à considérer comme inutiles ou nuisibles tous les autres facteurs. Selon le facteur privilégié, on conclut ainsi que les commerçants ou les fonctionnaires sont des parasites, les capitalistes des voleurs, l'État un prédateur de la richesse nationale, etc.

Jusqu'au milieu des années 1970, la comptabilité nationale reflétait cette approche en considérant les activités publiques non marchandes comme improductives. Et si les productions publiques sont d'emblée exclues d'une mesure de la richesse nationale, les impôts finançant les dépenses publiques ne peuvent pas apparaître comme autre chose qu'un prélèvement sur les richesses créées par le seul secteur marchand. Mais, dans le cas de la comptabilité nationale, ce choix résultait davantage d'un développement insuffisant des instruments de mesure et de calcul que d'un principe théorique, qui n'aurait d'ailleurs pu trouver le moindre fondement dans la science économique standard.

Le juste prix des biens publics

En effet, depuis les années 1870, une vision subjective et extensive de la production s'est imposée dans la science économique, aux termes de laquelle *est productive toute activité qui contribue à satisfaire les besoins d'un individu quelconque* (cf. « Loi n° 2 »). La production d'un bien public, pour peu qu'elle réponde à un besoin effectif de la population, n'est donc en soi pas moins productive de « richesses » que n'importe quelle production de bien privé. Par conséquent, l'impôt n'est pas plus un « prélèvement » sur les richesses engendrées par la production nationale que ne le sont les prix payés pour acheter des tomates ou des automobiles. Comme ces derniers, l'impôt mesure le coût de production d'un bien et le prix à payer pour disposer de ce bien. L'impôt ne diminue pas plus la richesse nationale que ne le fait le paiement de votre loyer ou de votre facture d'électricité.

Toutes les conclusions ultralibérales sur la nécessité d'un impôt minimal sont l'illustration parfaite des aberrations logiques auxquelles peut conduire l'extrapolation d'idées justes, biaisées par une idéologie individualiste et matérialiste qui assimile la richesse humaine à l'accumulation de biens marchands. Il est en effet parfaitement exact de souligner les effets pervers de l'impôt sur les incitations individuelles à travailler et à produire. Mais seule l'hypothèse saugrenue que l'impôt n'a que des effets pervers et que les biens publics qu'il finance sont inutiles permet d'aboutir à la thèse de l'impôt minimal. Curieusement (je plaisante !), les néolibéraux ne font pas le même genre d'extrapolations à propos des effets pervers de la production industrielle. Il est en effet évident que cette dernière a des effets pervers pour l'environnement, par exemple. Mais il ne vient à personne l'idée qu'elle n'a que des effets pervers et qu'en conséquence toute réduction de la production est bonne à prendre ! On en déduit seulement qu'il faut trouver les moyens d'organiser la production de façon à garantir un développement durable pour les générations futures. Eh bien, le problème est le même pour l'impôt et les biens publics. Il s'agit de trouver les modalités de détermination et de gestion des choix publics les plus efficaces et les plus justes.

L'impôt n'est pas obligatoire

L'impôt n'est donc pas un *prélèvement* : c'est un *prix*, soit ! N'est-il pas néanmoins « obligatoire », à la différence des autres prix dont le paiement résulte d'un libre choix individuel ? Sur cette question la logique néolibérale orthodoxe, qui dénigre si souvent l'impôt, se piège elle-même. Si l'on suit cette logique, en effet, toutes les situations individuelles résultent de choix libres, car les individus rationnels feraient toujours autre chose que ce qu'ils font si cela ne maximisait pas leur bien-être. Ainsi le chômage est-il considéré comme une situation volontaire résultant d'un libre choix : les chômeurs refusent les emplois disponibles, les reconversions, les baisses de salaire ou la mobilité.

Appliquons cette logique de raisonnement au paiement de l'impôt. Dans une démocratie, personne n'est contraint de vivre dans son pays. Un individu en désaccord avec le niveau des dépenses publiques et des impôts est toujours « libre » de s'exiler ou de se suicider ; l'impôt est donc librement consenti par tous ceux qui « choisissent » de vivre dans un pays quelconque. L'impôt est « volontaire » ; il n'a pas un caractère plus « obligatoire » que le prix de n'importe quel bien privé ; il l'est même à la limite encore moins, puisque son paiement, contrairement à celui des autres prix, n'est pas toujours une condition nécessaire pour jouir des biens publics.

Si l'on renonce à l'idée quelque peu rustique ou faussement naïve que les néolibéraux se font de la liberté, c'est alors seulement dans le cadre d'une vraie démocratie, où le citoyen peut effectivement exercer son pouvoir souverain de participation au choix des dépenses publiques et des impôts, que l'on peut considérer l'impôt comme le prix librement consenti des biens publics.

C'est d'ailleurs la piste ouverte par les grands initiateurs de la théorie de l'impôt optimal que furent les Suédois Knutt Wicksell, en 1896, et Erik Lindhal, en 1919[61]. Selon ces derniers, l'impôt juste et efficace serait celui qui à chaque dépense publique ferait correspondre une modalité de financement choisie par les électeurs à la quasi-unanimité ou à une très forte

61. Présentés *in* Jacques Généreux, *L'Économie politique. Analyse économique des choix publics et de la vie politique*, *op. cit.*

majorité qualifiée. Une procédure parfaitement démocratique de détermination des dépenses publiques et de leurs modalités de financement conduirait à une situation où l'impôt que chacun acquitte est exactement égal au prix qu'il est disposé à payer en contrepartie des biens publics (cette situation est dénommée « équilibre de Lindhal »). Mais ce n'est là, au fond, que le retour au sentiment des premiers grands économistes libéraux. Dès 1776, Adam Smith, en qui les néolibéraux reconnaissent le chantre du marché libre, faisait un éloge de l'impôt juste et efficace que ne renierait pas aujourd'hui un socialiste pur et dur. Nous ne pouvons donc que recommander aux détracteurs modernes de l'impôt de relire cette page de leur évangile *(Essai sur la nature et les causes de la richesse des nations)* où il est question des taxes prélevées pour l'entretien des ouvrages publics :

« Ainsi la personne qui paye la taxe, en définitive, gagne plus par la manière dont cette taxe est employée qu'elle ne perd par cette dépense. Ce qu'elle paye est précisément en proportion du gain qu'elle fait. Dans la réalité, le payement n'est autre chose qu'une partie de ce gain qu'elle est obligée de céder pour avoir le reste. Il paraît impossible d'imaginer une méthode plus équitable de lever un impôt.

« Quand cette même taxe sur les voitures de luxe, les carrosses, chaises de poste, etc., se trouve être de quelque chose plus forte [...] qu'elle ne l'est sur les voitures d'un usage nécessaire, telles que les voitures de roulier, les chariots, etc., alors l'indolence et la vanité du riche se trouvent contribuer d'une manière fort simple au soulagement du pauvre, en rendant à meilleur marché le transport des marchandises pesantes dans tous les différents endroits du pays [62]. »

Tout y est ou presque : l'idéal d'un impôt qui serait le juste prix d'un bien public, le bien-fondé de la dépense publique, la justice d'un impôt qui pèse davantage sur les riches pour soulager les plus nécessiteux.

La théorie de l'impôt juste et efficace ébauchée par l'école suédoise est certes une utopie, mais elle montre un chemin concret : celui de la démocratisation réelle des choix publics. Ainsi, par exemple, depuis dix ans les citoyens de Porto Alegre (Brésil) participent activement à l'élaboration d'une partie du budget municipal [63]. Preuve vivante que la démocratie fiscale est une utopie créatrice.

Faut-il retenir les *top models* ou les citoyens ?

Tout ce que nous venons de dire sur la nature de l'impôt est en réalité rigoureusement incontestable. Mais cela ne nous avance pas forcément à grand-chose, face au problème réel que constitue la concurrence fiscale entre les États. Je n'ai personnellement jamais eu le moindre mal à convaincre un patron, même libéral, que l'impôt, dans une démocratie, n'est

62. *Essai sur la nature et les causes de la richesse des nations*, *op. cit.*, p. 372-373.

63. Sur cette expérience, cf. Tarso Genro et Ubiratan de Souza, *Quand les habitants gèrent vraiment leur ville*, Charles Léopold Mayer, 1998.

que le juste prix consenti par les citoyens pour la production de biens publics aussi nécessaires que les patates et les ordinateurs. Mais il me pose aussitôt la question suivante : « C'est bien joli, tout ça, mais dites-moi comment je dois faire, concrètement, pour résister à la concurrence d'entreprises étrangères qui payent tellement moins d'impôts et de charges sociales que moi. » Et je lui réponds : « *Vous*, vous ne pouvez rien faire d'autre que vous adapter, car vous n'avez pas le pouvoir de changer les règles du jeu ; mais *nous* devons et pouvons peut-être, tous ensemble, contester des règles du jeu qui produisent un monde non conforme à notre idéal. » Là, le patron a un sourire ironique et me dit qu'on en reparlera quand je serai président de la République !

Il me paraît plus sage d'en reparler tout de suite.

Le problème est donc le suivant. Quand bien même tous les citoyens d'un pays donné seraient disposés à financer un haut niveau de production publique et de protection sociale, cela ne serait-il pas qu'un vœu pieux quand les pays voisins ne cessent de faire des coupes claires dans les charges fiscales qui pèsent sur leurs entreprises pour les rendre plus compétitives ? Dans une économie mondiale ouverte à toutes les concurrences, les systèmes politiques et les systèmes fiscaux sont mis en compétition par des travailleurs et des investisseurs mobiles. Une nation se doit désormais d'être *fiscalement attractive*. Sans quoi elle n'évitera ni les délocalisations d'entreprises, ni le départ des chercheurs, des sportifs, des *top models* vers des environnements fiscaux plus doux.

Les meilleurs s'en vont et nous on reste ? Tout dépend de ce que l'on entend par les « meilleurs ». Meilleurs quoi : calculettes ou citoyens ? La question de fond est de savoir si notre ambition est de disparaître complètement en tant que nations de citoyens qui choisissent de vivre ensemble selon des règles communes, pour nous transformer en collections d'individus interchangeables et téléportables d'un bout à l'autre de la planète, en fonction du taux de rémunération de notre travail ou de notre capital.

Elle est d'ailleurs aussi de savoir si cette fiction de la mobilité parfaite des hommes a un sens concret. Car l'irréalisme n'est pas toujours du côté que l'on croit. Ceux qui, au nom du réalisme, traitent avec ironie ou mépris ceux qui croient encore à l'indépendance et à la souveraineté nationales n'ont pas les yeux en face des trous. La réalité, aujourd'hui, est que l'immense majorité des personnes et des entreprises sont attachées à un territoire particulier, une culture spécifique, une nation, et ne rêvent absolument pas de s'en affranchir. La mobilité parfaite du travail et du capital n'est que le modèle d'une minorité de grandes entreprises et d'individus qui, parce qu'ils pensent tirer le plus grand profit de l'abolition des frontières, voudraient imposer ce modèle à la planète. Et, ma foi, tant qu'on les laisse faire, ils ont bien raison ; ce sont les autres qui ont tort de laisser faire.

Le fait qu'une minorité soit en passe d'imposer son modèle à la majorité tient en partie à ce que nos prétendues démocraties tendent à fonctionner comme des oligarchies habilement menées au profit de groupes privilégiés. Mais il s'explique aussi par la difficulté nouvelle à laquelle se trouve confrontée la majorité favorable à la survie des nations et des identités locales. Faire pression sur le gouvernement de sa seule nation n'est guère productif quand le problème vient du comportement collectif des autres nations. La montée en puissance d'un mouvement social international peut renforcer à terme le pouvoir de pression des citoyens, mais il ne change rien à la réalité électorale immédiate, qui rend un pouvoir national redevable devant ses seuls électeurs nationaux. Si, par exemple, les électeurs américains préfèrent nettement moins d'impôts et beaucoup plus de pollution que les électeurs allemands, le mouvement social international n'empêchera pas l'avantage compétitif dont bénéficient les entreprises américaines par rapport aux entreprises allemandes, qui supportent des charges fiscales et des normes antipollution plus coûteuses.

C'est précisément parce que nous ne vivons pas dans une société mondiale mais dans un monde composé de sociétés spécifiques, aux valeurs et aux priorités différentes, que la mise en compétition aiguë des nations pose un problème.

Aussi, la première voie de réflexion et d'action évidente est-elle de remettre à plat sans tabou toutes les questions relatives à l'intensité de la compétition entre les nations : libre circulation des marchandises, des personnes, des capitaux. Comme c'est le cas à l'intérieur d'une nation donnée (cf. « Loi n° 7 »), une régulation et une limitation de la concurrence internationale aux seules modalités considérées comme réellement profitables à tous seraient à la fois « économiquement correctes » et socialement souhaitables. Cette voie n'a évidemment de sens et d'efficacité qu'au travers de coopérations ou d'institutions internationales, ce qui ne simplifie pas la tâche.

Dans un univers de concurrence tempérée, les nations pourraient plus sereinement choisir ce pour quoi elles souhaitent être attirantes et ceux qu'elles veulent attirer. L'attractivité d'un territoire ne tient pas qu'au système fiscal. Elle dépend aussi de la qualité des infrastructures, de la qualification de la main-d'œuvre, de la stabilité politique et sociale, de la qualité du système de santé et d'éducation, de la pureté de l'air qu'on y respire, de la sécurité… et du sourire de la crémière [64] !

De nombreux pays industriels ont des fiscalités plus lourdes que la moyenne et n'en demeurent pas moins très attractifs sur tous les autres points évoqués ci-dessus. La compétition des nations n'est pas qu'une compétition fiscale. Si nous devons nous résoudre à être compétitifs, apprenons à raisonner en termes de *compétitivité globale*, choisissons le cocktail d'atouts qui nous permettra d'appliquer notre conception du bien-vivre ensemble et d'attirer les étrangers qui la partagent. On n'empêchera pas le départ de quelques *top models* et autres stars du foot ou du show-biz. Mais qui voulons-nous retenir ou attirer, des *top models* ou des citoyens qui partagent notre conception d'une bonne société ? Laissons

64. Voir Anton Brender, *La France face à la mondialisation*, La Découverte, coll. « Repères », 1999.

partir ceux qui ne veulent plus être nos concitoyens et accueillons ceux qui choisissent de vivre avec nous : nous gagnerons au change.

Il reste une voie singulièrement négligée qui nous protégerait aussi de l'exode des talents : l'éducation et la promotion d'une culture de la citoyenneté. Une société qui ne valorise plus que l'argent et la conquête de la première place se prépare des générations de tueurs et de mercenaires à la solde du plus offrant. Une société qui éduque à la solidarité et qui valorise les choix collectifs au lieu de les dénigrer fabrique des générations de citoyens. Bien sûr, cela prend du temps. Eh oui, la démocratie n'est pas une solution miracle, c'est un combat. Et le plus sûr moyen de le perdre est de ne pas le mener.

Loi n° 9

Rien ne vaut une bonne politique

Jusqu'aux années 1920-1930, la politique économique existe de fait sans dire son nom. Mais c'est alors seulement qu'elle devient une branche à part entière de l'analyse économique. Celle-ci va dès l'origine emprunter deux pistes qui caractérisent aujourd'hui encore la ligne de démarcation entre les libéraux et les interventionnistes. La première, initiée par Arthur Cecil Pigou et son *Économie du bien-être*, croit en l'équilibre général spontané d'une économie de marché libre. Elle identifie cependant quelques défaillances microéconomiques des marchés qui appellent la mise en place de *règles* juridiques et fiscales incitant les individus à corriger leur calcul économique dans un sens conforme à l'optimum social (cf. « Loi n° 4 »). La seconde piste sera ouverte par Keynes, peu après que la belle confiance des néoclassiques dans l'équilibre général aura été ébranlée par la Grande Dépression des années 1930.

La vision néoclassique : l'inutilité des politiques macroéconomiques

Dans le modèle néoclassique standard dominant, avant Keynes, l'équilibre général des marchés est supposé réalisé et maintenu en permanence grâce à la libre concurrence et à la parfaite flexibilité des prix (cf. « Loi n° 3 »). Dans ce contexte, personne n'a à se soucier de l'existence ou non d'une demande suffisante pour les biens ou les facteurs de production qu'il souhaite offrir. Chacun ne se préoccupe que de ce qu'il souhaite offrir compte tenu des prix du marché ; le marché se charge ensuite d'équilibrer l'offre et la demande en ajustant les prix.

Dans ce contexte, les agents rationnels utilisent au mieux tous les facteurs de production disponibles, de façon à obtenir la production maximale, la production de plein emploi. En effet, si un facteur restait sous-employé, son prix baisserait jusqu'au moment où il serait à nouveau pleinement employé. La production de plein emploi devrait nécessairement trouver preneur en raison de la *loi des débouchés* de Jean-Baptiste Say (1803). Say observe que toute la valeur de la production est transformée en revenus distribués qui sont à leur tour dépensés, si bien que la valeur globale des dépenses est nécessairement égale à la valeur globale des biens offerts. En quelque sorte, comme l'écrit Say, « l'offre crée sa propre demande » en distribuant les revenus qui serviront à acheter les biens et services offerts. Tout déséquilibre global entre l'offre et la demande est donc impossible. En revanche, un désajustement entre la structure par produits de l'offre et de la demande est toujours possible : pour une offre globale et une demande globale d'une valeur identique et inchangée, il se peut néanmoins que les ménages décident, par exemple, d'acheter plus de voitures et moins de meubles, et que ce mouvement n'ait pas été anticipé par les entreprises. Ces déséquilibres sectoriels seront toutefois rapidement résorbés grâce à la flexibilité des prix (les prix des voitures augmentent et ceux des meubles diminuent).

Ainsi, quelques soucis localisés peuvent bien survenir, mais ils ne nécessitent aucune intervention publique puisque les lois du marché les traitent de façon optimale. Par ailleurs, au niveau macroéconomique, la loi de Say élimine toute possibilité de surproduction générale. Mais à une condition tout de même : c'est que tous les revenus soient dépensés. Or une partie des revenus ne sert pas à la consommation mais à l'épargne. L'épargne ne constitue-t-elle pas une fuite dans le circuit de Say, susceptible d'engendrer une demande de biens insuffisante pour écouler toute la production ? Non, répondent classiques et néoclassiques, car l'épargne est placée sur les marchés financiers ou dans les banques, et sert à financer des investissements. L'épargne n'est donc pas une fuite : elle équivaut à une demande de biens d'investissement.

L'épargne ne constituerait une fuite que si elle était conservée sous la forme de liquidités monétaires non placées (thésaurisées). Mais des agents rationnels n'ont aucune raison de détenir des encaisses liquides non rémunérées alors qu'ils pourraient détenir des titres de placement rémunérés. La monnaie est un simple intermédiaire dans les échanges, son stockage et sa détention ne procurent en soi aucune utilité. Admettons (pour l'instant). Mais s'il n'y a pas de déséquilibre global entre offre et demande, il peut néanmoins subsister un déséquilibre entre la structure de la demande et celle de l'offre. En effet, le partage du revenu des ménages entre consommation et épargne n'a aucune raison d'être *a priori* identique au partage de la production entre biens de consommation et biens d'investissement (décidé par les entreprises).

Que se passe-t-il, par exemple, si les entreprises surestiment la demande de biens de consommation, et donc sous-estiment l'épargne ? On constatera une surproduction de biens de consommation par rapport à la demande et une surabondance d'épargne par rapport aux biens d'investissement à financer. Ce déséquilibre devrait toutefois être automatiquement résorbé grâce à l'ajustement des taux d'intérêt.

En effet, les taux d'intérêt commandent à la fois le partage du revenu entre consommation et épargne, et le niveau de l'investissement. Quand les taux d'intérêt s'élèvent, les ménages sacrifient plus volontiers leur consommation présente pour épargner et améliorer ainsi leur consommation future. Inversement, si les taux d'intérêt baissent, les ménages épargnent moins et consomment plus.

De leur côté, les dépenses d'investissement augmentent quand les taux d'intérêt baissent. En effet, les investisseurs comparent le taux de rendement espéré de leur investissement et le coût des capitaux qu'ils doivent emprunter ou, s'ils n'ont pas besoin d'emprunter (autofinancement), le rendement qu'ils obtiendraient en plaçant leurs fonds sur les marchés financiers. Si les taux d'intérêt s'élèvent, cela disqualifie des projets d'investissement dont le taux de rendement devient inférieur au coût d'emprunt des capitaux (ou au taux de rendement du marché financier). Inversement, la baisse des taux d'intérêt stimule l'investissement.

Armés de ce nouveau mécanisme, revenons à notre situation de déséquilibre initial : trop d'épargne par rapport aux investissements et pas assez de consommation pour écouler la production. Dans ce cas de figure, l'abondance d'épargne sur les marchés financiers provoque une baisse des taux d'intérêt. La baisse des taux freine l'épargne et stimule l'investissement jusqu'à un nouvel équilibre; elle stimule aussi la consommation. La structure des emplois du revenu (consommation-épargne) et celle de la production (biens de consommation-biens d'investissement) vont donc rapidement s'ajuster.

Forts de la loi des débouchés et de la théorie de l'équilibre général, les néoclassiques peuvent donc considérer qu'aucune politique macroéconomique n'est nécessaire. Seules importent les politiques microéconomiques qui garantissent le plein exercice de la libre concurrence, puisque celle-ci est censée mettre l'économie nationale à l'abri du sous-emploi et de toute crise durable.

La vision keynésienne : la nécessaire régulation de la demande

Le choc de la Grande Dépression des années 1930 va pourtant rappeler brutalement la tendance récurrente des marchés à engendrer aussi des crises macroéconomiques durables. Il favorise la promotion des idées de la *Théorie générale de l'emploi, de l'intérêt et de la monnaie* de John Maynard Keynes (1936). A sa suite, les keynésiens contestent la capacité des marchés à garantir spontanément un équilibre général et le plein emploi. Aux défaillances microéconomiques du marché il faut ajouter une défaillance macroéconomique qui appelle des politiques monétaires et budgétaires discrétionnaires.

On a déjà vu (cf. « Loi n° 3 ») comment, selon Keynes, l'imperfection de l'information et l'incertitude empêchent les marchés de fonctionner comme des Bourses ajustant en permanence l'offre et la demande. Examinons à présent sa critique de la loi des débouchés de Say. D'une part, pour Keynes, l'épargne peut constituer une fuite dans le circuit du revenu parce que la monnaie peut être désirée pour elle-même. Dans un monde incertain, le placement de l'épargne en titres est risqué, tandis que la monnaie constitue le moyen le plus simple et le moins risqué de constituer une réserve de valeur, pour plus tard, pour un moment où il semblera plus opportun d'effectuer des placements (nous reviendrons plus en détail sur ce dernier point dans le chapitre « Loi n° 10 »).

D'autre part, pour Keynes, le taux d'intérêt ne commande pas l'arbitrage entre consommation et épargne, mais le partage entre épargne liquide (monnaie thésaurisée) et épargne affectée à des placements. Conformément à la réalité, Keynes observe que la consommation des ménages dépend surtout de leur revenu courant et non des taux d'intérêt. Et pour cause ! Une variation des taux d'intérêt, même importante, ne peut modifier sensiblement l'incitation à épargner que pour des ménages riches disposant d'une capacité d'épargne importante. Par exemple, avec un salaire mensuel moyen de 2 000 euros, un salarié économe ne peut guère épargner plus de 200 à 300 euros par mois, soit 2 400 à 3 600 euros par an. Une augmentation d'un point du taux de rémunération de l'épargne représente donc un gain de 24 à 36 euros par an (1 % de 2 400 ou 3 600 euros), soit 2 à 3 euros par mois. On imagine difficilement qu'un salarié gérant un budget déjà serré modifie sensiblement son comportement de consommation et d'épargne pour quelques euros par mois.

Cela dit, les 200 ou 300 euros que le salarié met de côté chaque mois peuvent être conservés en monnaie non rémunérée ou dans des placements rémunérés. Une hausse des taux d'intérêt peut donc éventuellement l'inciter à détenir moins de monnaie et plus de placements, mais cela ne modifiera pas le montant de son épargne et de sa consommation.

Ces nouvelles hypothèses, plus réalistes, nous permettent à présent de faire une lecture keynésienne des réactions probables de l'économie nationale à un déséquilibre survenant, par exemple, sur le marché des biens de consommation. Comme nous l'avions fait pour développer la lecture néoclassique, imaginons une situation où les entreprises ont surestimé la demande de consommation. Il y a donc trop peu de consommation et trop d'épargne. Les néoclassiques estimaient qu'une baisse des taux d'intérêt interviendra alors spontanément, stimulant la consommation et réduisant l'épargne. Las ! Même si les taux d'intérêt baissent, cela incitera éventuellement les ménages à détenir leur épargne sous une forme plus liquide non rémunérée, mais cela ne relancera pas la consommation. L'insuffisance des débouchés incitera alors les entreprises à réduire leur production et donc l'emploi de la main-d'œuvre. Des salariés se retrouveront au chômage et réduiront leur consommation, ce qui déprimera encore plus les débouchés des entreprises. Les salariés conservant leur emploi limiteront peut-être à leur tour leur consommation et constitueront une épargne de précaution, pour le cas où ils seraient à leur tour confrontés au chômage.

Les néoclassiques estimaient que l'augmentation du chômage serait rapidement résorbée grâce à une baisse des salaires stimulant l'emploi de la main-d'œuvre. Mais ils négligeaient en cela deux point essentiels. Les entreprises n'utilisent pas de la main-d'œuvre parce qu'elle est bon marché, mais pour produire des biens vendables sur leur marché. Par conséquent, si l'insuffisance de la demande persiste un tant soit peu, la baisse des salaires n'empêchera pas les licenciements de la main-d'œuvre inutile. De plus, et surtout, Keynes souligne que le salaire n'est pas que le coût d'un facteur de production, mais aussi ce qui détermine le revenu de l'immense majorité des consommateurs. Il s'ensuit qu'une baisse générale des salaires, dans une situation d'insuffisance des débouchés, ne ferait qu'aggraver sérieusement le problème en amputant le pouvoir d'achat des consommateurs.

L'économie nationale peut donc rester piégée dans une situation de sous-emploi grave, sans qu'aucun mécanisme automatique amorce un retour vers l'équilibre. Et, dans ce contexte, appliquer les recommandations des néoclassiques (baisse des salaires et baisse des dépenses publiques, pour résorber le déficit budgétaire) plonge l'économie dans une récession encore plus profonde. Seule une politique économique de relance de la demande peut donc sortir la nation du piège de la récession et du sous-emploi.

Certes on pourrait tout aussi bien « attendre que ça passe », et espérer qu'après des années de récession, de liquidation des entreprises et de chômage de masse, l'économie reparte d'elle-même. Keynes reconnaît d'ailleurs que certains des mécanismes d'ajustement décrits par le modèle néoclassique ont des chances de fonctionner… à long terme. Mais c'est pour ajouter aussitôt : « A long terme, nous serons tous morts. »

Le consensus keynésien

A partir de la fin des années 1930, après l'expérience dramatique de la Grande Dépression, la victoire de la vision keynésienne est rapide et très large sur le plan politique comme sur le plan théorique. Avec les rapports Beveridge (à partir de 1942), l'Angleterre, pays berceau de la pensée classique et néoclassique libérale, confie à l'État la responsabilité de protéger la population contre les risques économiques et d'assurer le plein emploi. La plupart des pays industriels suivront cette démarche dans les années 1940.

Un consensus théorique plus ambigu s'instaure aussi à la suite des travaux de John Richard Hicks (1937), Franco Modigliani (1944), Paul Antony Samuelson (1947) et Alvin Harvey Hansen (1947). Ces derniers formalisent l'apport alors incontesté de Keynes, de manière à l'intégrer dans un modèle général compatible avec les outils d'analyse de l'économie néoclassique. Cette démarche, qualifiée de « synthèse néoclassique », a le défaut majeur d'évacuer tout ce qui distinguait radicalement l'approche keynésienne (l'incertitude et le rôle des anticipations, des conventions sociales, de la distribution du revenu, notamment). Mais son résultat premier est d'offrir un cadre à la recherche d'une combinaison optimale des politiques budgétaires et monétaires, dont presque personne ne remet plus en cause la nécessité. Trente ans après la publication de la *Théorie générale*, en 1966, William Heller (ancien président du Comité des conseillers économiques du président Kennedy) peut écrire : « Nous sommes *unanimes* à penser que l'économie ne peut pas trouver son rythme d'elle-même. Il semble maintenant *tout naturel* que le gouvernement intervienne pour maintenir l'emploi et la croissance économique à des taux élevés, tâche essentielle que les mécanismes du marché ne sauraient effectuer spontanément[65]. »

Moins de dix ans plus tard pourtant, ce beau consensus commence de voler en éclats. La rupture durable du rythme de croissance économique en 1974-1975, l'apparition simultanée du chômage de masse et de l'inflation (la « stagflation ») et l'impuissance apparente des politiques monétaires et budgétaires à contrecarrer ces évolutions néfastes sèment le doute. La politique économique semble perdre le contrôle de la situation. D'autant que les pays découvrent alors les effets de la « contrainte extérieure » : des économies nationales ouvertes et interdépendantes ne peuvent plus être gérées selon les priorités souveraines de leurs gouvernements.

Dès les années 1960, R. Mundell et J. Flemming montrent les difficultés auxquelles seraient confrontées les politiques keynésiennes dans une économie ouverte. En particulier, ils montrent que la mobilité internationale des capitaux ôte une bonne partie de son autonomie à la politique monétaire. Si, par exemple, un pays fait baisser ses taux d'intérêt pour stimuler l'investissement, cela peut entraîner une sortie massive de capitaux vers des pays où les taux d'intérêt sont plus élevés. Sur le marché des changes, les investisseurs offrent massivement la monnaie du pays qu'ils quittent, pour demander en échange les mon-

65. Cité par M. Beaud et G. Dostaller, *La Pensée économique depuis Keynes*, Le Seuil, 1996, p. 93 (c'est nous qui soulignons). Ce dernier ouvrage constitue par ailleurs une excellente référence pour aller plus loin sur le sujet traité ici.

naies des pays où ils souhaitent effectuer des placements. Le taux de change de la monnaie nationale se déprécie alors inexorablement, tant que le pays concerné n'aligne pas ses taux d'intérêt sur ceux des autres pays. Un pays ne peut donc mener à la fois une politique monétaire et une politique de change indépendantes. Soit il néglige le taux de change (au risque d'une inflation accélérée et d'un déficit commercial accentués par le renchérissement des factures à l'importation), soit il préfère maintenir un change stable et doit alors renoncer à une politique de taux d'intérêt autonome [66].

Ce qui n'était qu'une mise en garde théorique dans les années 1960 deviendra progressivement une contrainte effective dans les années 1970, et surtout 1980, du fait de l'intensification des mouvements de capitaux internationaux et de la déréglementation progressive des marchés financiers.

La fable monétariste

A la charnière des années 1970 et des années 1980, dans une atmosphère générale de remise en cause de l'interventionnisme étatique, la droite libérale remporte les élections au Royaume-Uni, aux États-Unis, en Allemagne. Et si l'Europe reste néanmoins domi-

66. On trouvera une discussion détaillée des effets de la contrainte extérieure sur les politiques nationales dans notre *Introduction à la politique économique*, 3e éd., Le Seuil, coll. « Points », 2000.

née par des majorités socio-démocrates, ces dernières semblent se ranger à l'idée d'un nécessaire désengagement de l'État. Le climat est alors propice au retour en force du « monétarisme », développé depuis les années 1950, en marge du consensus keynésien, par Milton Friedman et l'école de Chicago.

Pour Friedman, à long terme, conformément au modèle néoclassique, une économie de marchés libres est spontanément équilibrée et assure le plein emploi dans un sens bien particulier : le chômage existant est un chômage « naturel », qui reflète des imperfections structurelles du marché du travail. Dans une économie qui utilise déjà spontanément au mieux tous les facteurs de production disponibles et employables, une politique discrétionnaire de relance de l'activité visant la réduction du chômage ne peut en fin de compte qu'engendrer de l'inflation sans modifier le chômage « naturel ». Toutefois, l'entêtement des gouvernements keynésiens à relancer l'économie s'explique par le fait qu'il est toujours possible de faire baisser le chômage temporairement. En effet, si les individus n'anticipent pas qu'une hausse des allocations familiales (par exemple) entraînera un jour ou l'autre de nouveaux prélèvements obligatoires, ils se croient plus riches et augmentent leurs dépenses. Pour répondre à cette demande, les entreprises doivent convaincre des chômeurs « naturels » de travailler : elles augmentent donc les salaires. Si les chômeurs n'anticipent pas l'inflation provoquée par la relance de l'économie, ils croient que les *salaires réels* (le pouvoir d'achat des salaires) ont augmenté et acceptent plus volontiers de travailler : à court terme, la production augmente et le chômage diminue.

Mais cela ne dure que le temps nécessaire aux individus pour réaliser leur méprise et adapter leurs anticipations à la réalité. Ainsi, quand les travailleurs comprennent que la hausse des salaires nominaux a été mangée par l'inflation et que le salaire réel est inchangé, ceux qui avaient « accepté » de ne plus être au chômage y retournent sur-le-champ, et le chômage retrouve son niveau « naturel ». A terme donc, la relance keynésienne produit seulement de la stagflation : plus d'inflation et autant de chômage.

La seule régulation qui ait grâce aux yeux des monétaristes est une *règle* quasi constitutionnelle de croissance régulière de la masse monétaire compatible avec la stabilité des prix. Mais ce n'est pas une *politique* ; c'est une routine technique mise en œuvre par une banque centrale indépendante du pouvoir et dont ce devrait être le seul objectif.

Le modèle monétariste initial est parachevé, dans les années 1970, par la « théorie des anticipations rationnelles » – ou encore la « nouvelle macroéconomie classique », initiée par Robert Lucas, Leonard Rapping, Thomas Sargent et John Wallace. Ces derniers observent que, dans la variante friedmanienne du modèle néoclassique, la politique économique n'a des effets à court terme qu'en raison des anticipations *adaptatives* des acteurs qui tardent à comprendre ce qui se passe. Ils introduisent alors dans ce modèle l'hypothèse d'anticipations *rationnelles* formulée en 1961 par John Muth : des agents rationnels utilisent toute l'information disponible et comprennent le fonctionnement de l'économie, si bien qu'en moyenne leurs anticipations correspondent à la réalité. Avec des anticipations rationnelles, les décideurs savent qu'une politique de relance sera inflationniste et sans effet sur le chômage naturel dès l'instant où elle est annoncée par le gouvernement. Les salaires nominaux sont alors relevés pour compenser l'inflation et, comme le salaire réel reste inchangé, l'emploi et le chômage ne bronchent pas. Les ménages qui bénéficient de transferts sociaux plus élevés ne consomment pas davantage : ils savent bien qu'un jour ou l'autre ces transferts devront être financés par des impôts ou des charges sociales supplémentaires ; aussi, au lieu de consommer plus, ils épargnent pour faire face à la hausse prévisible des prélèvements. Bref, la politique keynésienne est totalement inutile et sans effet, même à très court terme.

Et pourtant elle marche !

Tout à leur joie d'avoir « démontré » un résultat aussi radical et portés par l'humeur du temps, les *Chicago boys* pourront exercer durant les deux décennies suivantes une arrogante et hallucinante domination dans les départements de macroéconomie. Hallucinante, car tout ce qu'ils ont démontré, à grand renfort d'équations simultanées, n'est qu'une gigantesque lapalissade. En somme, ils nous apprennent que, dans une économie en situation d'équilibre général et de plein emploi, une politique économique qui vise à rétablir l'équilibre et le plein emploi est inefficace ! Keynes aurait pu le dire, et sa concierge aussi. Point n'est besoin d'être médecin pour savoir qu'en administrant mille piqûres à un patient qui n'est pas malade, on ne va pas le guérir, mais le tuer peut-être ! Le doctorat d'économie n'est pas davantage requis pour estimer qu'une politique économique destinée à résoudre un problème inexistant n'aura d'autre effet que de révéler la débilité du gouvernement.

Redescendons sur terre. Dans le monde réel, et dans les seuls cas où l'on a besoin d'une intervention politique pour soutenir l'activité (récession et sous-emploi) ou de la contenir (accélération de l'inflation), les bonnes vieilles politiques keynésiennes restent d'une remarquable efficacité. Que les anticipations soient rationnelles ou pas ne change pas grand-chose à l'affaire. Si l'économie fonctionne déjà parfaitement, toute politique économique sera inutile et nuisible, que les agents l'anticipent ou non. Si au contraire il existe des capacités de production efficaces mais inutilisées faute de demande, une relance de cette dernière améliore la production et l'emploi, quelles que soient les anticipations. Et si les anticipations sont rationnelles, elles renforcent l'efficacité de la relance, parce que tous les acteurs prévoyant ses effets bénéfiques reprennent confiance.

Le Royaume-Uni et les États-Unis, qui furent les premiers à embrasser officiellement la nouvelle religion monétariste, dans les années 1980, furent heureusement pour eux les derniers à l'appliquer vraiment en matière de politique macroéconomique. Ils n'ont quasiment jamais cessé d'utiliser la politique des taux d'intérêt et les déficits publics avec pragmatisme et en parfaite conformité avec les préceptes du modèle keynésien[67] – avec un succès certain en matière de croissance et d'emploi. D'autres pays européens (la France notamment) démontrèrent, pour leur part, les effets sociaux désastreux d'une politique monétaire trop rigoureuse appliquée en période de désinflation (années 1990-1995). Bref, quels que soient les pays observés, et en dépit de la fameuse « réduction des marges de manœuvre » engendrée par la non moins fameuse mondialisation, tous les pays ont continué à manœuvrer allégrement, avec succès quand ils suivaient une politique discrétionnaire guidée par la réalité et adaptée à cette réalité, et sans succès quand ils se laissaient guider par des dogmes erronés.

La récurrence des crises financières internationales, l'aveu d'échec des politiques libérales menées dans le tiers-monde par le FMI et la Banque mondiale sont aujourd'hui en passe d'ébranler le consensus néolibéral. Plus personne n'oserait affirmer aujourd'hui que les politiques économiques sont totalement inutiles. On n'est sans doute plus très loin du moment où la phrase de W. Heller citée plus haut sera à nouveau d'actualité (dans les discours, car elle n'a jamais cessé de l'être dans la réalité) : « Il semble maintenant *tout naturel* que le gouvernement intervienne pour maintenir l'emploi et la croissance économique à des taux élevés, tâche essentielle que les mécanismes du marché ne sauraient effectuer spontanément. »

67. Voir l'historique de ces politiques *in* Hoang Ngoc Liêm, *La Facture sociale*, Arléa, 1999.

La religion monétariste officielle des années 1980 et 1990 n'aura été qu'un intermède. Mais cet intermède aura néanmoins été utile à quelque chose. Dans les années 1960, on n'était pas loin de penser que les gouvernements n'avaient qu'à appliquer les résultats objectifs d'une science économique politiquement neutre. Désormais, tout le monde sait que des économistes peuvent vendre comme « scientifiques » des dogmes théologiques, et que des gouvernements peuvent mener des politiques réelles radicalement opposées à la religion qu'ils affichent, pour peu qu'ils les jugent opportunes. En un mot, on sait à présent que ce n'est pas la politique qui est économique, mais l'économie qui est politique.

Loi n° 10

La monnaie n'est pas neutre

Les profanes seraient sans doute éberlués d'apprendre que des économistes discutent sérieusement pour savoir si la monnaie est vraiment importante ! Et pourtant le débat dure depuis quatre siècles et demi !

La théorie quantitative de la monnaie

A partir de Jean Bodin (1568), les deux premiers siècles de controverses monétaires poseront les bases de la « théorie quantitative de la monnaie », à peu près parfaitement exposée par David Hume (1752) et Richard Cantillon (1757) : pour un volume de transactions (T) donné et une vitesse de la circulation de la monnaie (V) constante, les variations de la quantité de monnaie (M) entraînent une variation proportionnelle du niveau général des prix (P). La présentation formelle de la théorie sera proposée par Simon Newcomb (1885) et diffusée par Irving Fisher (1911) sous la forme d'une équation célèbre : $MV = PT$ [68]. Cette

68. Pour un exposé complet et limpide des différents modèles, nous conseillons Pierre-Bruno Ruffini, *Les Théories monétaires*, Le Seuil, coll. « Points Économie », 1996.

théorie, admise sans discussion par les classiques, et intégrée au modèle néoclassique de l'équilibre général, repose sur quelques hypothèses. La vitesse de circulation de la monnaie (V = valeur moyenne des échanges assurés dans l'année pour une unité de monnaie) est supposée constante parce qu'elle dépend d'habitudes de paiement qui évoluent lentement. Le volume d'échanges (T) est supposé fixé en permanence à son niveau maximal. En effet, l'équilibre général des marchés est censé assurer le plein emploi des facteurs et conduit donc à la production maximale. Si V et T sont invariables, toute hausse de M entraîne seulement une hausse proportionnelle de P : on cherche à dépenser la monnaie supplémentaire mais, puisque l'offre de biens est à son maximum, cela fait juste monter les prix. *La monnaie est neutre, elle n'a aucun effet réel* sur la production, l'emploi, etc. Comme le disait déjà Jean-Baptiste Say (1803), « la monnaie n'est qu'un voile », elle sert uniquement d'unité de compte et d'intermédiaire dans les échanges.

A partir des années 1950, la « révolution monétariste », à la suite de Milton Friedman, reformulera la théorie quantitative pour proposer le même résultat que David Hume deux siècles plus tôt : la monnaie est neutre à long terme ; à court terme les variations de la masse monétaire peuvent avoir des effets réels sur l'économie, notamment parce que les politiques peuvent surprendre et induire en erreur les producteurs et les travailleurs qui n'anticipent pas correctement les effets inflationnistes de la politique monétaire (cf. « Loi n° 9 »). Les conclusions pratiques sont pour le moins paradoxales : alors que, conformément au modèle néoclassique de référence, la monnaie n'affecte jamais durablement l'économie réelle, il faut néanmoins définir une règle constitutionnelle de croissance stable de la masse monétaire et interdire toute politique discrétionnaire. Que de prescriptions et de précautions pour quelque chose qui ne change rien à rien !

C'est que les monétaristes redoutent qu'en dépit de son inutilité sociale la politique monétaire ne trouve une utilité politique perverse si on la laisse aux mains du gouvernement. En effet, la création monétaire peut constituer un moyen simple, trop simple, de financer des déficits publics, donnant l'illusion immédiate que la dépense publique ne coûte rien à la nation, tandis que l'accélération de l'inflation provoquée par l'excès de monnaie en circulation fera en réalité payer un impôt caché en ponctionnant le pouvoir d'achat des ménages. Par ailleurs, en période électorale, le gouvernement peut être tenté par des politiques de crédit facile et de relance de la consommation des ménages, dont les effets, quoique très temporaires, pourraient améliorer sa popularité immédiate. A long terme, une succession de politiques monétaires laxistes produit une inflation de plus en plus élevée. Tout le monde anticipe alors plus d'inflation et augmente ses prix ou ses demandes salariales, pour se prémunir contre la baisse du pouvoir d'achat. Cela ne fait bien entendu qu'accélérer encore plus l'inflation, et ainsi de suite.

Mais pourquoi s'inquiéter de l'inflation si elle n'est qu'un phénomène monétaire, c'est-à-dire un « voile » couvrant la réalité des échanges et incapable de les affecter réellement ? Ainsi, implicitement, en redoutant les effets inflationnistes des politiques monétaires, les monétaristes reconnaissent que la monnaie doit tout de même bien changer quelque chose dans le fonctionnement de l'économie (ne serait-ce que par ses effets sur le niveau général des prix).

Keynes ou la vraie « révolution monétariste »

En fait, la monnaie change tout, mais le reconnaître vraiment met à bas tout l'édifice de la théorie de l'équilibre général. C'est ce qu'a démontré John Maynard Keynes (1936), dans ce qu'il aurait été avisé de reconnaître comme la véritable « révolution monétariste ». Après quatre siècles de quasi-impuissance à intégrer vraiment la monnaie dans un modèle d'ensemble, Keynes redonne en effet à la monnaie toute son importance et, pour commencer, toutes ses fonctions. Elle n'est pas seulement une unité de compte et un intermédiaire dans les échanges, elle est aussi une *réserve de valeur* qui autorise le report de certaines opérations dans le temps. Comme nous l'avons expliqué à propos de la loi n° 9, les néoclassiques ne considèrent qu'un aspect de l'arbitrage intertemporel : le choix entre consommation présente et consommation future (épargne). Keynes ajoute qu'une fois décidées la part de la consommation et celle de l'épargne, il reste à déterminer si cette dernière doit être placée en titres ou conservée en monnaie. Dans un univers d'incertitude radicale sur l'évolution future des marchés, les agents peuvent avoir une *préférence pour la liquidité*, désirer détenir de la monnaie plutôt que des titres, pour éviter des pertes en capital ou profiter ultérieurement de meilleures opportunités de placement. Ils détiennent donc des encaisses « spéculatives » dont l'ampleur dépend des taux d'intérêt : plus les taux sont bas, plus on s'attend à leur hausse prochaine (habituellement associée à une chute des cours en Bourse[69]) ; il convient alors de détenir plus d'encaisses spéculatives et moins de titres.

Dans le modèle keynésien, donc, il existe une véritable demande de monnaie qui dépend des taux d'intérêt. Les taux d'intérêt sont donc déterminés, conformément à la réalité, par la confrontation entre cette demande de monnaie et l'offre de monnaie. L'offre de monnaie est la quantité de monnaie que le système bancaire est en mesure de mettre à la disposition du public et des entreprises, *via* le crédit. Si, pour une demande de monnaie inchangée, la quantité de monnaie offerte par le système bancaire augmente, les taux d'intérêt diminuent. Inversement, si la monnaie offerte se raréfie, les taux d'intérêt

69. Il existe une relation inverse entre taux d'intérêt et cours des titres. Si les taux d'intérêt offerts sur les placements de cette année sont supérieurs aux taux offerts l'année dernière, les investisseurs revendront en Bourse des titres acquis l'année dernière pour souscrire les nouveaux titres plus rémunérateurs. Les ventes massives de titres en Bourse font chuter leurs cours. Inversement, une baisse des taux courants par rapport aux taux offerts sur les titres anciens suscite des ordres d'achat de ces derniers et fait remonter leurs cours en Bourse.

remontent. Or les taux d'intérêt sont, aussi bien dans le modèle néoclassique que dans le modèle keynésien et dans la réalité, l'une des variables qui déterminent les investissements des entreprises et les achats de logements des ménages. Par conséquent, toute variation de la quantité de monnaie offerte, en modifiant les taux d'intérêt, influence l'investissement et donc la production nationale, qui affecte à son tour l'emploi et le chômage. Toute l'économie « réelle » dépend de ce qui se passe sur le marché monétaire. La monnaie n'est pas neutre.

Ces vingt dernières années n'ont d'ailleurs cessé de confirmer l'importance et l'utilité de la politique monétaire ou du niveau des taux d'intérêt pour l'ensemble de l'évolution économique, confirmant ainsi combien Keynes avait raison d'être « monétariste » et combien les monétaristes ont eu tort de ne pas l'être vraiment.

La monnaie au cœur d'une économie humaine

Mais notre époque nous rappelle aussi une autre source d'importance de la monnaie. A l'heure où disparaissent les monnaies européennes pour se fondre dans l'euro, nous redécouvrons à quel point la monnaie est aussi un bien public, une institution, qui suppose ou impose un ensemble de règles à une communauté nationale. La reconnaissance d'une unité de compte et d'un instrument d'échange universellement acceptés produit en effet un service collectif pur, au même titre que la défense nationale ou la justice. L'échange monétaire est un échange socialement organisé dont le développement repose sur la confiance que les membres d'une communauté ont dans les conventions et les institutions qui encadrent et rendent possible l'échange. La monnaie est ainsi l'une des modalités du lien social et contribue à tempérer la violence potentielle des relations d'échange [70]. Il est décidément insensé qu'une part essentielle de l'économie orthodoxe ait pu se développer en considérant la monnaie comme un bien neutre et sans importance réelle.

Certes, on l'a vu, les tenants de la neutralité ou de l'insignifiance de la monnaie ont perdu la bataille intellectuelle sur une position qui n'était pas soutenable. Mais ils semblent néanmoins remporter une victoire politique paradoxale : plus la monnaie s'avère importante, plus on s'entend pour en retirer la gestion aux autorités politiques et la confier à des banquiers centraux indépendants.

Les monétaristes, qui semblent considérer la monnaie trop importante pour être confiée aux politiques, et pas assez pour l'intégrer vraiment dans la théorie, sont des schizophrènes rationnels. Parce qu'ils savent en fait la monnaie importante et active, ils préfèrent la tenir à l'écart des élus, car ils craignent le politique. Mais ils ne peuvent intégrer pleinement l'importance

70. Dans cette lignée, voir le classique de M. Aglietta et A. Orléan, *La Violence de la monnaie*, 2e éd., Presses universitaires de France, 1984 ; voir aussi Pierre-Bruno Ruffini, *Les Théories monétaires*, *op. cit.*

de la monnaie dans leur modèle d'équilibre général sans renier toute leur méthodologie abstraite, hors du temps et de l'espace où vivent les hommes [71]. La monnaie cristallise en effet tout ce qui est impliqué par le fait que l'échange s'effectue entre des êtres humains et non entre les atomes d'une physique sociale abstraite. L'échange humain s'inscrit dans le temps, dans un climat d'incertitude radicale sur l'avenir et sur le comportement d'autrui, dans un cadre conventionnel et institutionnel qui vise précisément à limiter l'incertitude et à tempérer la violence potentielle des relations d'échange. Le fait que la monnaie est ainsi un bien public est également très dérangeant pour les néolibéraux. En effet, la monnaie, parce qu'elle apparaît historiquement dès l'instant où se développe un véritable commerce entre les hommes, porte en elle un message déroutant pour les tenants de l'équilibre spontané : il n'y a pas d'échanges et de biens purement « privés », sans médiation d'un bien public. Comment dès lors ne pas vouloir renier la monnaie, cette fâcheuse qui dit, depuis des millénaires, qu'il ne saurait exister aucune relation économique entre des « individus » indépendants, et que l'échange ne se noue en vérité qu'entre les membres de communautés humaines acceptant de s'entendre au préalable sur des règles collectives ?

71. Voir Jacques Sapir, *Les Trous noirs de la science économique*, *op. cit*

Loi n° 11

Anticipation n'est pas raison

Bien des décisions économiques essentielles reposent sur l'anticipation d'événements futurs. L'entreprise qui lance un nouveau produit anticipe une demande potentielle ; un ménage achète son logement à crédit en anticipant l'évolution de ses revenus ; l'État construit son budget sur la base de recettes fiscales anticipées, etc. La nécessité de former des anticipations vient de ce que les choix économiques s'inscrivent dans le temps et exigent du temps (temps de décision, de production, de réaction et d'adaptation aux chocs, d'accumulation, d'apprentissage, etc.). On ne saurait donc développer une analyse économique un tant soit peu réaliste sans y intégrer cette dimension temporelle et le rôle des anticipations qui y sont associées.

Les économistes prennent leur temps pour intégrer le temps

Pourtant, les économistes ne se sont pas précipités pour procéder à cette intégration. Certes, l'économie politique des classiques et, à leur suite, celle de Karl

Marx s'inscrivent bien dans le temps, mais il s'agit d'un temps long, historique. On n'y trouve pas une analyse explicite de la façon dont les individus forment leurs anticipations et du rôle que jouent ces dernières dans le fonctionnement des marchés. Cela supposerait une analyse microéconomique qui est peu prisée, avant le développement du modèle néo-classique, à la fin du XIXe. Peut-être est-ce la raison pour laquelle il faut attendre les travaux de Gunnar Myrdal (1927) et, à sa suite, de l'école suédoise pour voir une première intégration explicite des anticipations. Mais cette démarche reste alors marginale.

Le paradigme central walraso-parétien (la théorie de l'équilibre général des marchés concurrentiels) décrit en effet un univers abstrait où les offres et les demandes s'ajustent *instantanément* sur tous les marchés, où les facteurs de production peuvent se déplacer *sans délai*, d'un secteur à un autre, d'un pays à un autre, bref un univers hors du temps [72]. Les marchés étant dotés d'une vitesse de réaction infinie, aucun choc imprévu n'est susceptible d'introduire un déséquilibre durable. L'éradication du temps élimine l'incertitude des agents quant à la réalisation de leurs plans. Dès lors, personne n'éprouve le moindre besoin d'anticiper quoi que ce soit ; tout se joue dans l'instant.

C'est précisément cette pure fiction de l'instantanéité du monde que démonte John Maynard Keynes

72. Sur l'absence radicale du temps dans le modèle néo-classique, voir Jacques Sapir, *Les Trous noirs de la science économique*, *op. cit.*

dans sa *Théorie générale de l'emploi, de l'intérêt et de la monnaie* (1936). Keynes prend au sérieux le temps nécessaire pour adapter les choix aux situations nouvelles et l'impossibilité de connaître les solutions optimales dans un contexte d'information imparfaite. A la suite d'un choc quelconque, les marchés ne peuvent jamais revenir instantanément et spontanément à l'équilibre général. Les agents ne peuvent donc compter sur aucun mécanisme automatique garantissant la réalisation de leurs plans. Leurs décisions sont alors non seulement déterminées par ce qu'ils peuvent faire – compte tenu des moyens dont ils disposent à un moment donné –, mais encore par leurs anticipations concernant la réalisation probable de leurs plans.

Hélas, le souci d'opérer une synthèse entre l'approche keynésienne et le modèle néoclassique (cf. « Loi n° 9 ») a conduit les premiers vulgarisateurs et commentateurs de Keynes à gommer les traits les plus radicaux et originaux de son modèle, et donc à négliger la place primordiale qu'y jouent l'incertitude et les anticipations. Aussi, paradoxalement, c'est aux principaux détracteurs de Keynes – les monétaristes – que l'on doit un regain d'intérêt pour la formation des anticipations. A la suite d'un article pionnier de Lloyd Metzler (1941), Phillip Cagan (1956) propose l'hypothèse dite des « anticipations adaptatives » : les individus forment leurs anticipations en évaluant les écarts passés entre leurs prévisions et les réalisations, et en pondérant plus fortement les observations les plus récentes ; il s'agit d'un processus de correction progressive des erreurs de prévision.

Des anticipations adaptatives aux anticipations rationnelles

Mais, à la différence de Keynes, les monétaristes réintègrent les anticipations et le temps sans remettre en cause le cadre d'analyse néoclassique. Comment peut-on intégrer le temps et les anticipations dans un modèle hors du temps, sans incertitude et où, par conséquent, les anticipations ne servent à rien ? Les monétaristes esquivent ce dilemme en distinguant un court terme keynésien, où les imperfections des marchés freinent les processus d'ajustement, et un long terme néoclassique, où l'économie retourne spontanément vers l'équilibre général. Autrement dit, dans un univers d'équilibre général universel et permanent s'ouvriraient des fenêtres keynésiennes – telles des bulles éphémères éclatant à la surface d'un lac immobile – où le temps reprendrait ses droits… mais pas pour longtemps !

Dans ce cadre, l'hypothèse des anticipations adaptatives sert surtout à expliquer pourquoi les gouvernements sont incités à mener des politiques économiques dans un monde qui n'en a pas besoin. En effet, si les décideurs-électeurs ignorent les effets réels des politiques et ne corrigent leurs erreurs que progressivement, on peut toujours les induire en erreur, à un moment donné (avant une élection par exemple), en faisant passer des effets à court terme pour des effets durables. Cela suppose tout de même un comportement étrange pour des acteurs présumés rationnels : les électeurs ne sont pas seulement ignorants, ils sont aussi d'une rare stupidité puisque l'expérience ne leur apprend rien et qu'à chaque nouvelle politique ils se laissent manipuler !

Aussi, cette conception des anticipations sera-t-elle rudement critiquée par les nouveaux monétaristes qui fondent l'école de la « nouvelle macroéconomie classique » au milieu des années 1970 (Robert Lucas, Leonard Rapping, Thomas Sargent, John Wallace). L'hypothèse de Phillip Cagan suppose en effet que les individus ne tiennent compte que des informations passées et se comportent donc de manière irrationnelle, comme un piéton qui déciderait de traverser une rue en ne se préoccupant que de l'état de la circulation une heure ou deux heures plus tôt ! Reprenant une hypothèse formulée par John Muth en 1961, les nouveaux classiques soutiennent qu'un individu rationnel forme ses anticipations en prenant en considération *toutes* les informations disponibles, comprend le fonctionnement de l'économie et connaît donc les effets de chocs quelconques ou des politiques publiques. Si des erreurs de prévision aléatoires liées à des événements imprévisibles restent possibles, elles sont instantanément corrigées par des acteurs qui intègrent et comprennent l'impact de toute information nouvelle. En moyenne donc, les prévisions fondées sur des anticipations rationnelles sont conformes à la réalité. Pas moins ! Le fait que l'hypothèse d'anticipations rationnelles soit d'un irréalisme inouï ne dérange en rien ses promoteurs puisqu'ils adhèrent à la méthodologie énoncée par Milton Friedman (en 1953), selon laquelle les hypothèses d'un modèle peuvent être irréalistes tant qu'elles conduisent à des conclusions qui sont confirmées dans les faits. L'ennui, justement, c'est que la nouvelle macroéconomie classique ne supporte pas l'épreuve des faits. Elle énonce en effet que la monnaie est neutre et que les politiques macroéconomiques n'ont aucun effet réel – même à très court terme ! –, quand les faits démontrent le contraire (cf. « Loi n° 10 »). Cette théorie n'est donc pas seulement irréaliste dans ses hypothèses, elle est radicalement infirmée par la réalité.

Des conventions dangereuses

Il nous faut donc revenir à une vision plus réaliste du comportement rationnel en situation d'incertitude. Cela nous ramène en fait à la conception que Keynes a des anticipations rationnelles. Keynes pose comme postulat de départ que les décisions économiques des producteurs sont déterminées par des prévisions à court terme ou à long terme, et que ces prévisions ne peuvent habituellement pas s'appuyer sur une information fiable.

Pour les choix courants, l'attitude la plus raisonnable consiste à projeter les dernières informations disponibles. Ainsi, écrit Keynes, « c'est donc avec raison que des producteurs, dans la mesure où ils n'ont pas de raisons définies d'attendre un changement, fondent leurs prévisions sur l'hypothèse que les résultats les plus récemment réalisés se poursuivront dans l'avenir[73] ». Le problème est plus délicat

73. *Théorie générale de l'emploi, de l'intérêt et de la monnaie*, *op. cit.*, p. 75.

concernant les décisions d'investissement à long terme, pour lesquelles « les données dont on dispose se réduisent à bien peu de chose, parfois à rien ». Keynes reconnaît alors le rôle essentiel des marchés financiers : parce que l'on peut toujours revendre une action, la Bourse rend les choix d'investissement du capital réversibles et en facilite ainsi le développement.

Dans le même temps, la Bourse introduit un facteur d'instabilité en déplaçant l'objet des anticipations. Sur un marché financier, l'attitude rationnelle de l'investisseur ne consiste pas à estimer sérieusement les facteurs fondamentaux susceptibles de déterminer la rentabilité future des investissements effectués par les entreprises ; elle consiste à anticiper le jugement des autres investisseurs sur l'évolution du cours boursier. Si la majorité anticipe une hausse (ou une baisse), le cours s'élèvera (ou chutera). Keynes compare ainsi le comportement des spéculateurs en Bourse à celui d'un jury populaire de concours de beauté :

« [...] la technique du placement peut être comparée à ces concours organisés par les journaux où les participants ont à choisir les six plus jolis visages parmi une centaine de photographies, le prix étant attribué à celui dont les préférences s'approchent le plus de la sélection moyenne opérée par l'ensemble des concurrents. Chaque concurrent doit donc choisir non les visages qu'il juge lui-même les plus jolis, mais ceux qu'il estime le plus propres à obtenir le suffrage des autres concurrents, lesquels examinent tous le problème sous le même angle. Il ne s'agit pas pour chacun de choisir les visages qui, autant qu'il peut en juger, sont réellement les plus jolis ni même ceux que l'opinion moyenne considérera réellement comme tels. Au troisième degré où nous sommes déjà rendus, on emploie ses facultés à découvrir l'idée que l'opinion moyenne se fera à l'avance de son propre jugement. Et il y a des personnes, croyons-nous, qui vont jusqu'au quatrième ou cinquième degré, ou plus loin encore [74]. »

Les cours fixés sur des marchés financiers sont ainsi déterminés par de simples *conventions* qui reflètent l'état des croyances dominantes chez les intervenants ou, plus précisément, sur l'idée que la plupart se font de l'idée que les autres se font des croyances dominantes !

On ne s'émouvrait pas vraiment de cette insoutenable légèreté des anticipations si elle était sans conséquences. Mais, comme le montrent la théorie financière moderne et l'expérience récente des crises financières internationales [75], les anticipations sont autoréalisatrices et peuvent engendrer des *bulles spéculatives* dont l'éclatement brutal menace la stabilité des systèmes financiers et des économies.

Les anticipations sont autoréalisatrices puisqu'il suffit que les acteurs d'un marché pensent que les autres vont jouer à la hausse pour entretenir un mouvement continu d'achat qui fait effectivement monter

74. *Ibid.*, p. 171.

75. Pour un exposé lumineux sur ces questions, voir Pierre-Noël Giraud, *Le Commerce des promesses. Petit traité sur la finance globale*, *op. cit.*

les cours, conforte ainsi la croyance dans la hausse, et ainsi de suite. Le gonflement auto-entretenu de cette bulle spéculative peut pousser le cours d'une action à un niveau surréaliste si on le rapporte à la valeur réelle des actifs de l'entreprise et à ses perspectives plausibles de rentabilité, voire de survie.

Quand les anticipations se retournent et que la bulle éclate, la chute des cours peut être tout aussi surréaliste que l'a été leur hausse. On passe brusquement d'une croyance haussière à une croyance baissière. Tout le monde est convaincu que les autres croient que tout le monde veut vendre. Du coup, tout le monde vend effectivement et les cours s'effondrent. Un vent de panique peut souffler sur des marchés où l'on ne trouve plus d'acheteurs ; l'effondrement des cours peut alors provoquer des faillites en cascade qui emportent d'abord des institutions financières, puis les entreprises qu'elles cessent de financer. Dans un climat d'incertitude radicale, la rationalité effective des anticipations individuelles peut ainsi engendrer un chaos collectif dont aucune économie ne sort sans l'intervention d'un prêteur de dernier ressort et de politiques publiques qui réamorcent la pompe de l'expansion et rétablissent la confiance.

Ainsi, anticipation n'est pas raison. Anticipation rime bien mieux avec convention. Dans un univers où l'avenir est incertain, parce qu'on ne peut compter sur aucun mécanisme magique susceptible de résoudre les problèmes imprévus comme par enchantement, les acteurs risquent de céder à la panique à chaque mauvaise surprise. C'est pour éviter les effets désastreux de la panique qu'ils adoptent des conventions, c'est-à-dire des croyances communes sur la bonne attitude à adopter face à telle ou telle situation. Cela rend le comportement des autres et donc les réactions du marché moins imprévisibles, et offre ainsi à chacun des points de repère pour déterminer son propre comportement. Mais cette autorégulation par les croyances communes est vulnérable aux situations de crise aiguë qui sèment le doute sur la robustesse des conventions. C'est pourquoi la stabilité des marchés ne peut se passer des régulations publiques qui introduisent des points de repère constants et fiables, pour peu que les institutions régulatrices soient crédibles.

Au bout du compte, ce n'est pas tant la légèreté des anticipations qui est insoutenable, que la légèreté de ceux qui font une confiance aveugle aux seuls mécanismes du marché pour affranchir les hommes du temps et de l'incertitude.

Conclusion d'étape

De la théologie néolibérale à l'économie politique

Au terme de cette première « saison » des vraies lois de l'économie, les lecteurs seront peut-être abasourdis de découvrir dans le discours économique dominant et chez bien des économistes orthodoxes une telle capacité au délire ardent. Comment se peut-il en effet que des gens sérieux, apparemment sains d'esprit, parfois prix Nobel (enfin, « en l'honneur d'Alfred Nobel », pour être exact), puissent soutenir des thèses *abracadabrantesques*, à mille années-lumière du monde réel ? Comment peut-on soutenir sans pouffer ni baisser les yeux que le *seul* modèle exact est celui dont n'importe quel béotien peut immédiatement comprendre qu'il n'a aucune espèce de chance d'exister dans l'univers immense ?

La réponse est d'une simplicité redoutable et d'une énormité cosmique, et fut exprimée en ces termes par le néanmoins prix Nobel George Stigler : « Eh bien, ce n'est pas la science économique qui est fausse, c'est la réalité [76] » !...

76. Cité par Bernard Maris, *Lettre ouverte aux gourous de l'économie qui nous prennent pour des imbéciles*, *op. cit.*,

Là, évidemment, tout s'éclaire. Cette économie-là n'est pas une *science* économique mais une *théologie* économique qui énonce une vérité transcendante au-delà du réel, au-delà de l'histoire. Religieux donc, George Stigler, mais pas saint Thomas : il ne croit pas que ce qu'il voit, il ne voit que ce qu'il croit. Les économistes sont des grands prêtres. Ils ne cherchent pas la vérité, ils la révèlent. Ce n'est pas parce que ce qu'ils disent est juste qu'ils ont raison, mais l'inverse. Ils ont raison, donc ce qu'ils disent est juste. CQFD. Dès lors, tout ce qui dans les faits infirme le dogme théorique – et conduirait au rejet du dogme dans une science – est interprété comme une preuve supplémentaire de sa vérité, de son urgence ! Si les marchés parfaits n'existent pas dans le monde réel, n'est-ce pas justement la preuve qu'il nous faudrait des marchés parfaits ? C'est imparable.

Et, en effet, les hommes auraient bien tort de ne pas mettre en pratique les dogmes de la science des marchés parfaits qui les conduiraient au paradis, ici et maintenant. Mais les hommes sont-ils fous pour refuser ainsi le paradis ? Quand un homme a soif, il boit le verre d'eau qui est devant lui. Les économistes appellent cela la « rationalité », et tous les tenants du modèle néolibéral y croient dur comme fer, à la rationalité. Alors, si les hommes ne sont pas fous

---

p. 44. George Stigler fit cette réponse alors qu'il était sommé par un autre prix Nobel, Maurice Allais, de commenter le résultat qu'il avait démontré (connu sous le nom de « paradoxe d'Allais »), à savoir : les agents économiques ne peuvent pas effectuer de choix rationnels dès l'instant où ils doivent en réalité les effectuer dans un environnement aléatoire (incertitude).

mais rationnels, la seule explication raisonnable à l'absence persistante des marchés de concurrence pure et parfaite, après des siècles de capitalisme de marché, serait qu'ils sont, en vérité, une pure chimère irréalisable. Blasphème inadmissible, bien sûr. La Bible ne peut mentir. Si donc le paradis est possible et que les hommes ne le refusent pas par folie, il faut qu'ils en soient tenus à l'écart par une force maléfique, que le diable possède les esprits depuis des siècles et fourvoie les êtres humains hors des chemins de liberté qui les mèneraient au Ciel. Et en économie Satan a un nom : ce sont l'État et ses armées de politiciens et de bureaucrates qui vampirisent le monde.

Puisque le diable s'est emparé du monde, il faut bien d'inflexibles grands prêtres pour défendre les dogmes salvateurs et excommunier les sataniques fossoyeurs de la libre concurrence. La cause est si noble que, comme il arrive, hélas, dans toutes les religions, certains trouvent tous les moyens bons pour la défendre, y compris le mensonge, la désinformation et la trahison de leurs propres évangiles. Ainsi passera-t-on sous silence les dizaines de théorèmes découverts dans les temples de l'économie orthodoxe et qui ont démontré l'impossibilité et la nocivité radicales d'une économie de marchés parfaitement concurrentiels. Ainsi se contentera-t-on d'une lecture tronquée des textes sacrés, en sautant tous les passages qui irritent les gardiens du temple, comme ceux où le Saint des Saints de la théorie de l'équilibre général – Léon Walras – se révèle socialiste et préconise la nationalisation des terres ! Ou encore, ceux où le père fondateur de l'économie politique libérale –

Adam Smith – fait l'éloge des dépenses publiques et de l'impôt. Ici comme ailleurs, les docteurs de la Loi mutent aisément en ayatollahs, en gardiens du temple, de *leur* temple que – suivant en cela l'exemple fameux des pharisiens – ils ont livré aux marchands.

Certes, aux origines de cette société religieuse particulière (à l'instar de toutes les autres) on trouve toujours des esprits brillants, auteurs, entre autres, de contributions originales et pertinentes à l'économie politique moderne. Souvent malgré eux, ils jouent en quelque sorte le rôle des « prophètes ». Leur ambition est le plus fréquemment intellectuelle et professionnelle, mais pas politique. Ils communiquent peu ou pas du tout avec le grand public et laissent de ce fait à d'autres le soin de vulgariser les résultats de l'analyse économique. Ils n'ont pas nécessairement une conscience aiguë des récupérations idéologiques de leur travail ni de leur responsabilité de chercheurs en matière d'information et de dialogue avec la société civile. Ils peuvent, en toute bonne foi, considérer que, en passant cinquante ans de leur vie à leurs recherches et à courir derrière le prix Nobel, ils ont déjà largement et suffisamment apporté leur contribution à la société.

L'intelligence supérieure des « prophètes » ne leur épargne pas toujours l'adhésion à des modèles abscons et inutiles. Cela s'explique en partie par leur course effrénée à la reconnaissance par la communauté scientifique et leur compétition pour le fameux prix en l'honneur d'Alfred. De purs jeux de l'esprit sans utilité sociale n'en sont pas moins plaisants et rentables tant qu'ils sont valorisés par la communauté scientifique. Une preuve supplémentaire que, décidément, *la mauvaise concurrence chasse la bonne*. A force de toujours vouloir publier le nouveau modèle, fonder la nouvelle école avant les autres, on ne prend plus le temps du questionnement, on peut oublier que la science n'est pas faite pour le Nobel mais pour les hommes et les femmes. De plus, les grands économistes sont souvent assez intelligents pour ne pas prendre leurs jeux de l'esprit pour la réalité. Aussi redoutent-ils d'autant moins de s'aventurer dans des modèles trop abstraits qu'ils ne se sentent en rien liés par ces derniers pour leurs choix réels de citoyens. Ils peuvent, comme Walras, démontrer la supériorité théorique d'un système de marchés parfaits et soutenir des politiques socialistes de régulation de l'économie !

Nombre de ces prophètes, après avoir obtenu le fameux prix, comme libérés de cet impérieux défi, et à la fin de leur carrière – c'est-à-dire à l'approche de leur mort –, en repassant le film de leur vie et en se questionnant enfin sur l'utilité sociale de leur travail, ont fait amende honorable et reconnu qu'ils avaient poussé le bouchon de l'abstraction physico-mathématique un peu loin, que l'économie est une science humaine et non une science physique, que Keynes est aussi important que Walras, et que le meilleur moyen d'aller vers un monde de rêve n'est pas de rêver le monde, mais de le reconnaître tel qu'il est, pour le transformer par l'action volontaire [77].

77. Bernard Maris, *ibid.*, a relevé les confessions remarquables qui attestent cette conversion.

On ne peut, bien entendu, que se féliciter que, chez les grands esprits, l'intelligence et la générosité finissent le plus souvent par prendre le dessus. Mais il faut déplorer, hélas, que, comme dans tout mouvement religieux, ils traînent à leur suite une cohorte de manipulateurs et d'esprits plus médiocres, qui ne tirent leurs profits ou leurs gratifications symboliques que du rabâchage primaire de la *doxa*. Les manipulateurs ne sont pas de vrais croyants, seulement des exploitants habiles des croyances dominantes. Ils seraient keynésiens ou marxistes si cela assurait mieux leur position, leur carrière et leur patrimoine. Ils sont à leur propre service et, par la même occasion, à celui des classes dominantes. Les esprits médiocres, eux, sont manipulés. Leur ambition est d'être reconnus comme de bons disciples. Croire aveuglément les rassure. Répéter inlassablement les occupe, ce qui est aussi un moyen d'évacuer l'angoisse du doute.

Au pouvoir des manipulateurs et des serviteurs des classes dominantes on ne peut opposer qu'un autre pouvoir. Il est inutile de chercher à les convaincre de quoi que ce soit, puisqu'ils n'ont à proprement parler aucune conviction. D'autres forces doivent s'opposer à leur emprise : les forces des démocrates qui, par le combat politique, imposent une économie politique au plein sens du terme, c'est-à-dire façonnée par les choix souverains des citoyens. C'est là la tâche la plus ardue.

Contre la médiocrité de la culture économique véhiculée par les manipulés, les serviteurs zélés de la *doxa*, on peut lutter par la pédagogie. Enseigner l'*économie humaine*, c'est-à-dire une économie politique et historique. Sortir l'économie des « laboratoires », des amphithéâtres et des bibliothèques, pour redonner au public le goût d'une vraie culture économique et de cette intelligence du monde qui le met à l'abri des mystifications.

Nous espérons avoir contribué ici à éveiller un peu de ce goût – salutaire pour la démocratie –, et suscité assez d'intérêt à l'égard des questions que soulève l'économie politique pour que nos lecteurs et nos auditeurs aient envie de nous accompagner dans une nouvelle « saison » des vraies lois de l'économie. Car nous ne sommes pas au bout de nos surprises. Il nous reste à découvrir que : *l'erreur est rationnelle* ; *la croissance n'est pas le développement* ; *il n'est de richesses que d'hommes* ; *tout le monde ne gagne pas au libre-échange* ; *l'inflation est toujours un phénomène politique* ; *un bon déficit vaut mieux qu'un mauvais excédent* ; *le gâteau croît quand on le partage équitablement* ; et caetera, et caetera.

Paris, août 2001.

Table

RÉALISATION : PAO ÉDITIONS DU SEUIL
IMPRESSION : S.N. FIRMIN-DIDOT AU MESNIL-SUR-L'ESTRÉE
DÉPÔT LÉGAL : NOVEMBRE 2001. N° 52440 (57298)